四特 教育系列丛书　SITEJIAOYUXILIECONGSHU

学生科学素质教育

《"四特"教育系列丛书》编委会　编著

吉林出版集团股份有限公司

全国百佳图书出版单位

图书在版编目 (CIP) 数据

学生科学素质教育／《"四特"教育系列丛书》编委会编著 . —长春：吉林出版集团股份有限公司，2012.4

（"四特"教育系列丛书／庄文中等主编 . 学生素质教育与培养）

ISBN 978-7-5463-8745-1

Ⅰ. ①学… Ⅱ . ①四… Ⅲ . ①中小学生－科学－素质教育 Ⅳ . ① G632.0

中国版本图书馆 CIP 数据核字（2012）第 043956 号

学生科学素质教育

XUESHENG KEXUE SUZHI JIAOYU

出 版 人	吴 强	
责任编辑	朱子玉　杨 帆	
开　　本	690mm×960mm　1/16	
字　　数	250 千字	
印　　张	13	
版　　次	2012 年 4 月第 1 版	
印　　次	2023 年 2 月第 3 次印刷	

出　　版	吉林出版集团股份有限公司
发　　行	吉林音像出版社有限责任公司
地　　址	长春市南关区福祉大路 5788 号
电　　话	0431-81629667
印　　刷	三河市燕春印务有限公司

ISBN 978-7-5463-8745-1　　　　　定价：39.80 元

前　言

学校教育是个人一生中所受教育最重要的组成部分，个人在学校里接受计划性的指导，系统地学习文化知识、社会规范、道德准则和价值观念。学校教育从某种意义上讲，决定着个人社会化的水平和性质，是个体社会化的重要基地。知识经济时代要求社会尊师重教，学校教育越来越受重视，在社会中起到举足轻重的作用。

"四特教育系列丛书"以"特定对象、特别对待、特殊方法、特例分析"为宗旨，立足学校教育与管理，理论结合实践，集多位教育界专家、学者以及一线校长、老师们的教育成果与经验于一体，围绕困扰学校、领导、教师、学生的教育难题，集思广益，多方借鉴，力求全面彻底解决。

本辑为"四特教育系列丛书"之《学生素质教育与培养》。

实施素质教育是我国现代化建设事业的需要。它体现了基础教育的性质、宗旨与任务。提倡素质教育，有利于遏制当前基础教育中存在着的"应试教育"和片面追求升学率的倾向，有助于把全面发展教育落到实处。从教育面向现代化、面向世界和面向未来的要求看，素质教育势在必行。这是我们基础教育时代的主题和任务。

学校教育的核心工作是培养全面发展的社会主义建设者和接班人，而学生则是未来的主要建设者和接班人，直接关系到整个社会的前途和命运。中小学生正处于青少年时期，其心理生理发展具有不成熟、可塑性强的特点，他们在面对错综复杂的社会时能否全面认识理性分析问题不仅是部分人的问题而是一个社会问题。当代青少年面临更多的机遇和史无前例的挑战，只有树立科学的价值观，才能全面正确地认识自己、他人和社会，才能在认识和改造世界的过程中取得成功。

本辑共20分册，具体内容如下：

1.《学生身体素质教育》

根据中小学生参与体育状况调查发现，学生身体素质呈现持续下降的趋势。针对学生身体素质下降的状况，必须要让体育课落到实处，且要加强开展学校课外体育活动的力度，充分调动广大学生参与课外体育活动，从而提高学生的身体素质，使学生的身心得到健康发展。同时，探寻学校学生身体素质下降的根源，从而提高他们的身体素质。

2.《学生心理素质教育》

本书的各位作者拥有多年从事心理健康教育和研究的经验，为此，我们运用心理学的基本原理，从同学们的需要出发，编写了本书，它主要包含上面提到的自我、人际、学习、生涯等几个方面的内容。希望同学们能通过本书的学习，掌握完成这些任务的战略与技巧,为你们的长远和可持续发展提供力所能及的帮助。

3.《学生观念素质教育》

不同的人对同一事物产生不同的看法,本来是很正常的事情,但如果不同学生的观念差异太大,甚至"针锋相对",就不能不让人琢磨一下。本书就学生的观念素质教育问题进行了系统而深入的分析和探讨,并提出了解决这一问题的新思路、可供实际操作的新方案,内容翔实,个案丰富,对中小学生、教师及家长均有启发意义。本书体例科学,内容生动活泼,语言简洁明快,针对性强,具有很强的系统性、实用性、实践性和指导性。

4.《学生道德素质教育》

道德素质是人的重要内涵,它决定着人的尊严、价值和成就。良好道德素质的培养,关键在青少年时期。为培养学生形成良好的行为习惯,提高道德素质,只有建立学校、家庭、社会三结合的"立体化"教育网络,才能最有效地促进学生道德行为的养成,全面提高青少年的素质,促进青少年的健康成长。

5.《学生形象素质教育》

我们自尊我们自信,我们尊敬师长,我们自强我们自爱,我们文明健康。青春就是一次又一次的尝试。身处在这个未知的世界,点滴的前进,都是全新的体验,它点亮中学生心中的那片雪海星辰。新时代的中学生用稚嫩的双手创造一个又一个生命的篇章。让我们用学识素养打造强而有力的翅膀,让我们用青春和梦想做誓言,让我们用崭新的形象面向世界。

6.《学生智力素质教育》

教学中学生正是通过语言符号和非语言符号,学习知识、技能,在吸取人类智力成果过程中,使自己的智力得到锻炼和发展。指导学生智力发展应贯串于教学过程的始终。备课、钻研教材、上课、答疑、辅导、组织考试、批改试卷和作业都应当分析学生思维的过程,考虑发展思维的教学措施。

7.《学生美育素质教育》

美育是培养学生全面发展的教育方针的重要组成部分。美育又称审美教育或美感教育,是培养学生正确的审美观点以及感受美、鉴赏美和创造美的能力的教育。美育是实施其他各育的需要,美育是全面发展教育的重要组成部分,它渗透在全面发展教育的各个方面,对学生身心健康和谐地发展有促进作用。

8.《学生科学素质教育》

教育应面向全体国民,以提高国民素质、提高学生科学素养为目标,为学生的终身发展打下基础。本书以培养小学生科学素养为宗旨并依据新课程标准编写。学生通过本书的学习,能知道与身边常见事物有关的浅显的科学知识,了解科学探究的过程和基本方法,保持和发展对周围世界的好奇心和求知欲,逐渐养成科学的行为习惯和生活习惯,形成敢于创新的科学态度,培养爱科学、爱家乡、爱祖国的情感。

9.《学生创造素质教育》

创造才能是各种能力的集中和最有价值的表现,人类社会文明都是创造出来的,所以只有具备创造才能的人,才是最有用的人才。一切发达国家都非常重视青少年创造才能的培养。培养创造才能要从教育抓起,要从小做起。

10.《学生成功素质教育》

本书旨在让学生认识到成功素质教育的重要性。成功素质教育的目的和意义在于:激发学生对于成功的欲望和追求;让学生了解成功素养的内涵和相关解释;通过开展积极有效的成功素质教育,激发学生潜能;让学生自发主动地参与成功素质的行为,由被动转为主动。

11.《学生爱国素质教育》

祖国是哺育我们的母亲,是生命的摇篮,我们应该因为自己是一个中国人而感到骄傲。学校要坚持抓好学生的爱国主义教育,使他们从小热爱祖国。"祖国"一词对小学生来说,比较抽象,因此,他们对学生进行爱国主义教有,注意从大处着眼,小处着手,引导学生从身边具体的事做起。

12.《学生集体素质教育》

一个国家如果没有团结稳定的局面是不可能繁荣兴盛的;一个集体如果没有精诚合作的精神是不可能获得发展的;一个班级如果集体观念淡薄是不可能有提高进步的;一个人如果不加强培养集体意识,他是不可能被社会所接纳的。集体意识的培养对每个学生来讲是至关重要的。学生只有在校园就开始提高自己的集体协作意识,才能在将来的工作中游刃有余,才能让自己的前途得到更好的发展。

13.《学生人道素质教育》

人道主义精神与青年成长的关系非常密切,既关系思想意识上的完善,又关系知识面的拓展。为进一步切实加强青少年的思想道德建设,建议教育部制定切合实际的教育纲要,将人道主义教育纳入中小学生课程。本书从人道主义精神的培养入手,规范未成年人的行为习惯,使他们真正成为合格的接班人。

14.《学生公德素质教育》

社会公德作为人类社会生活中最起码、最简单的行为准则,是和广大人民群众的切身利益密切相关的,是适应社会和人的需要而产生的。它对人们的社会生活具有特殊且广泛的社会作用。每个社会成员都应该自觉遵守社会公德。社会公德是衡量一个国家全民素质水准的重要标志,抓紧对青少年进行社会公德教育,既是推动社会进步的奠基工程,也是社会主义精神文明建设的一项战略任务。

15.《学生信念素质教育》

加强公民道德建设,在全社会树立中国特色社会主义的共同理想和信念,加快构建传承中华传统美德、符合社会主义精神文明要求、适应社会主义市场经济的道德和行为规范。未成年人是祖国未来的建设者,加强和改进未成年人思想道德建设尤其重要。理想信念教育是培养公民素质的本质要求,把学生培养成为热爱社会主义祖国,具有社会公德、文明行为习惯的遵纪守法的公民是我国德育工作的主要任务。在德育体系中,理想信念教育处于核心地位,是德育研究的重中之重。

16.《学生劳动素质教育》

劳动素质教育是向学生传授现代生产劳动的基础知识和基本生产技能,培养学生正确的劳动观点,养成良好的劳动习惯的教育。本书旨在培养学生正确的劳动观点和良好的劳动习惯,使学生掌握初步的生产劳动知识和技能。

17.《学生纪律素质教育》

依法治国已成为我国治国的方略。我们正在建设社会主义法治国家,纪律法制在社会生活中的作用越来越重要,因此进行纪律法制教育也就十分必要了,对青少年学生尤其如此。青少年时期正好是一个人世界观、人生观、价值观的形成时期,在此时加强纪律法制教育,有利于帮助他们掌握应有的纪律法制知识,增强纪律法制意识,提高自觉遵守纪律法制的自觉性,养成良好的遵纪守法习惯。

18.《学生民主法制素质教育》

在推进依法治国,建设社会主义法治国家的进程中,加强对青少年的法制教育,促进青少年的健康成长,我们负有不可推卸的历史责任。为此,本书对当前青少年犯罪的现状、特点、成因进行了调查,对如何进一步加强青少年法制教育和预防青少年犯罪的方法作了一些探索,具有很强的系统性、实用性、实践性和指导性。

19.《学生文明素质教育》

礼仪是一种修养,一种气质,一种文明,一种亲和力,它是人际交往的通行证。青少年是祖国的希望,是21世纪国家建设的主力军。培养他们理解、宽容、谦让、诚实的待人处事和庄重大方、热情友好、礼貌待人的文明行为举止,是当前基础教育和学校德育工作的重点之一。将主题宣传教育活动、文明礼仪知识普及活动、日常行为规范教育活动紧密结合起来,培养学生文明行为举止,抓实抓细,必定卓然有效。

20.《学生人生观素质教育》

当代的中学生是跨世纪建设有中国特色社会主义的主力军,他们的人生观如何,关系到他们的本质是否能够得到全面提高,关系到我国社会主义大业的兴衰。因此,学校必须加强对中学生进行人生观教育。在校学生是我国社会生活中被寄予厚望的最重要的群体,他们的人生观变化是社会变化的晴雨表。人生观不仅影响他们个人的一生,而且对国家的前途、命运产生相当大的影响。因此,学校必须加强对中学生进行人生观教育。

由于时间、经验的关系,本书在编写等方面,必定存在不足和错误之处,衷心希望各界读者、一线教师及教育界人士批评指正。

编者

目　录

第一章

学生科学素质教育与升级的理论指导

1. 提高学生科学素质教育的重要性

在全社会大力加强社会主义精神文明建设及中小学教育由"应试教育"向"素质教育"转变的历史大潮中，许多高校的基础文明教育也取得了一定的效果。但是，随着时间的推移和"素质教育"讨论的深入，人们发现，基础文明教育常常是：学生依然我行我素，成效不大。其中原由，不能不令人深思。

学生基础文明教育要取得良好的效果，除了加强校风校纪教育、严格规章制度外，更重要的是要加强科学文化素质教育。

科学文化素质教育是基础文明教育的根本

从现实情况来看，学生基础文明教育之所以难以取得满意效果，并不是因为他们对其中的道理不懂，而是这种教育从形式上只是对中小学、甚至幼儿园教育的某种补课和简单重复，没有从根本上改变应试教育所带来的学生科学文化素质相对贫乏和偏废的状况。

如在高校考试中存在的作弊流行病，一方面反映了学校教学和管理工作需要改进和加强，另一方面，毫无疑问，这与高校学生学风的浮躁有着直接关系。它所突显的是学生科学意识、科学观念、科学精神和科学态度的缺乏，而它们正是人的科学素质的重要内容和体现。

目前，众多高校都对考试作弊者给予严厉制裁，甚至抓到一次即处以"极刑"，勒令退学或开除学籍，但仍有学生以身试法，屡禁不止。要杜绝考试作弊现象，非提高学生的科学素质不可。没有科学素质的提高，就不会有强烈的科学意识、科学观念，就不可能有旺盛的求知欲和对科学技术日新月异发展的密切关注，也就不可能有不断学习、勤奋学习的动力，"六十分万岁"、混文凭、考试作弊现象也就不可避免。

基础文明教育说到底就是纪律和道德教育。如果没有良好的科学素养和科学精神作支撑，基础文明教育只能是低层次的养成教育，而不会成为学生的自觉行动。因为科学精神和科学态度的实质就是"实事求是"，即无论干什么事，都要从实际出发，尊重和遵循客观规律，合乎科学，严肃认真，脚踏实地，一丝不苟，准时精确和条理化；无论什么时候，都要热爱科学，信仰科学，追求真理，谨严刻苦，敬业进取，勇于批判，大胆创新，具有为人类服务和造福的无私奉献精神，而这正是我们所要求的纪律和所提倡的道德的重要内容。所以，一个人具有了科学精神和科学态度，就会对纪律和道德有深刻的认识，从而就会自觉地去遵守纪律和实践道德。

同样地，在我国，由于中学阶段文理分科、片面追求升学率的应试教育及大学阶段狭隘的专业知识教育，造成了大学生人文科学知识相对贫乏、文化素质相对低下，这也是造成基础文明教育效果不佳的一个重要原因。

因此，要想使基础文明教育真正深入人心，取得成效，必须从根本上提高学生的科学文化素质，加强科学文化素质教育。

科学文化素质教育是社会发展的需要

对于高等教育，人们一向认为它是培养高级专门人才、发展科学技术文化的途径，因此，向学生传授科学文化知识是高等教育题中应有之义，学生是社会上科学文化水平较高的群体似乎也是顺理成章的事。所以，人们在讨论学生素质教育时，常常忽视或较少谈及科学文化素质培养的问题。然而，为了适应社会发展对人才综合素质的要求，必须大力加强学生科学文化素质教育。

首先，从理论上说，人的个体素质结构系统大致可以分为三个层次：身体素质、心理素质和社会文化素质。它们相互联系、相互渗透、相互影响，共同构成一个人的整体素质，其中，社会文化素质居于最高层次。而人的社会文化素质又由科学文化素质、思想政治素质、道德素质、能力素质等构成。在这四种素质中，科学文化素质又是其他三种素质形成和发展的基础。学生素质教育也是如此，抓住了科学文化素质这个"牛鼻子"，就能促进其他素质的提高。

科学文化素质是学生基础的素质，学生科学文化素质教育的深刻意义就在于使学生运用正确的世界观、人生观、价值观和正确的方法论去认识世界、观察社会、思考人生、探索未来，根据社会发展的客观要求去设计自己的成长道路，成为时代需要的人才。从微观和现实角度看，一个在校生具有良好的科学文化素质，就会在就业过程中增强竞争实力，提高选择职业的自由度和取得职业的层次，从而更好地发挥自己的才华，实现自身价值。

其次，在我国，社会上存在着一种普遍的观念，认为大学教育就是职业教育，上大学就是要学一门专业，以便毕业后就业。这种落后的教育观念导致过分强调教育的功利性，使大学教育过分专门化，具有强烈的行业性、专业性。而市场经济建立后，行业结构、产业结构变化频繁，打破了行业经济、部门经济的界限，原来重专业知识、轻复合知识，重知识积累、重平均发展、轻个性发展的弊端就日益显现出来。一些理工科大学生人文素质较差，在某种程度上被培养成掌握一定技能的"工匠"；而一些文科教育又脱离实际，成为缺乏现实基础的"经院哲学"，学生技能单一，在自己所学专业之外，较难有所作为，潜在能力不足，缺乏足够的灵活性、适应性和创造性，不能适应当今社会对人才的多样化要求，更难适应跨世纪人才对大学生综合素质的要求。

再者，在现代科学的演进过程中，边缘学科和综合学科日益增多，各门学科相互交叉、渗透，紧密联系，实现高度综合化，特别是人文科学和自然科学互相融合的趋势已越来越明显；现代的社会问题、经济问题也都具有复杂性和综合性，人类已越来越趋向于从整体上认识和把握客观世界。当前，为适应科学和社会发展的趋势，培养文理结合、能够综合创新的复合型人才，已成为国际教育改革的新的潮流。然而，由于受计划经济的影响，我国高等教育在专业设置和人才培养模式上先天不足。理工科教育除了政治理论课之外，几乎没有其他人文社会科学教育内容，而文科教育极少涉及自然科学，特别是当今科学技术发展现状的内容。这种教育模式把学生局限于狭小的专业圈子里。相当数量的学生毕业后工作缺乏独立性、开拓性，有的只是一些狭窄的专业知识，很难适应科学和社会发展的需要。为改变这种状况，我国高等教育一定要站在新的历史高度，以强烈的责任感和时代意识，端正教育思想，更新教育观念，优化教育目标，深化改革，切实加强科学文化教育，提高学生综合素质。

加强学生科学文化素质教育的途径

（1）转变教育观念

教育的使命已不仅仅是使学生学会知识，它既应提供一幅复杂的、不断变动的世界的地图，又应提供有助于在这个世界上航行的指南针，学会在一定的环境中工作，以便不仅获得专业资格，而且从最广泛的意义上讲，获得能够应付许多情况和集体工作的能力。这种能力不仅是实际动手技能，而且包括处理人际关系能力、社会行为、集体合作态度、主观能动性、交际能力、管理和解决矛盾的能力，以及敢于承担风险的精神等综合而成的能力；学会共同生活，培养在人类活动中的参与和合作精神，以便与他人一道参加所有活动，并在这些活动中进行合作；最后是学会发展，教育应当促进每个人的全面发展，即身心、智力、敏感性、审美意识、个人责任感、精神价值等方面的发展，应当使每个人借助所受的教育，能够形成一种独立自主的、富有批判精神的思想意识，以及培养自己的判断能力，以便由他自己确定在他人生的各种不同情况下他认为应该做的事。

我们习惯把思想政治教育、业务教育和身体训练看作是教育的全部任务，现在将包括科学意识、科学精神在内的科学素质教育及文化素质教育，尤其是人文教育视为综合素质教育的一项重要内容，是具有战略意义和符合世界教育改革潮流的。否则，教育就不是完全意义上的教育，我国企业经济效益低，产品缺乏竞争能力，农业科学技术得不到普遍推广，宝贵的资源和生态环境得不到充分利用和保护，人口增长不能得到有效控制，一些不良的社会风气屡禁不止的状况就难以得以改变，科教兴国的战略国策就难以实现。

切实搞好科学文化素质教育的根本就是转变教育观念，而转变教育观念的关键在于校长和各级领导的重视。没有领导观念的转变，就不可能有高瞻远瞩的决心、切中时弊的措施以及学校教务、学生工作、后勤等部门的协同作战，综合素质教育也就不可能有真正的突破。

（2）改革课堂教学

课堂教学是学校教育的主阵地、主渠道，学生科学文化素质教育也不例外。然而，我国高校长期以来相同的专业实行统一教学计划、统一教学大纲、统一教材，必修课多、选修课少，专业课多、通识教育课少，分析课程多、综合课程少，理论课程多、实践课程少，造成了培养的人才类型和规格单一，违背了知识、个人与社会具有多样化的特点，也不能满足社会发展对学生素质的要求。所以，必须进行课堂教学改革。

首先，要对教育模式进行改革，减少必修课，增加选修课，加强基础课。借鉴美日等国的经验，根据我国高等教育的实际，在高校开设文化素质修养课势在必行。文化素质修养课有思想政治类、自然科学类、社会科学类、人文科学类、艺术类、语言类、体育卫生类及其他众多课程，内容几乎包括人类在社会历史实践过程中所创造的一切物质财富和精神财富，特别是我国的优秀传统文化，对人，尤其是青少年具有巨大的培养和塑造功能。

其次，要开设辅修专业，即在不延长学制又无需大量投入的情况下，使学生受到本专业之外的另一专业的训练，增强社会适应性。

再次，各科教师都要注意挖掘丰富的人文素质教育内容，并把它们渗透到课堂教学中去，在不增加课时的情况下，不知不觉地对学生的文化素质进行了培养，而且说服力强、作用大。

（3）培养高素质的教师队伍

办教育、办学校，教师是主体；教学活动，教师是主导。因为教师直接面对学生，所以，高素质的教师在教学过程中不仅能把业务知识传授给学生，而且能以正确的人生观、价值观、优良的思想作风、严谨的治学态度、科学的思维方法影响教育学生。因此，加强科学文化素质教育，促进学生综合素质提高，必须提高业务教师队伍的整体素质，使教师真正融传道、授业、解惑于一体，言传身教，为人师表。

培养高素质的教师队伍，需要学校和教师个人双方的共同努力。学校要为教师的学习、科研、进修提供良好条件，教师个人也要积极创造条件，不断提高自身素质。

（4）营造浓厚的校园文化氛围

营造浓厚的校园文化氛围，一要积极举办有利于提高学生科学文化素质的系列讲座；二要大力开展社团活动、科技节、文化艺术节等校园文化活动，让学生在丰富多彩的校园生活中受到陶冶；三要加大经费投入，尽量改善教学、实验设备和更新补充图书资料，大力加强校园自然景观、人文景观设施建设，使学生尽早使用先进设备进行学习，尽早接触先进科学技术，并在优美的校园环境中启迪思想、陶冶情操、升华精神，提高科学文化素质。

（5）注重实践

实践，包括科学实践和社会实践。科学实践主要是科学实验和科学研究，除了正常的教学计划安排外，还可以让学生积极参与教师的科研活动，以增加科学实践的机会，培养学生的科学精神、科学态度，锻炼思维，提高正确分析解决问题的能力。社会实践主要是社会调查和社会服务，它为学生了解、认识社会创造了条件，也为大学生客观地认识、评价自我创造了条件，对学生的素质提高和成才具有重要意义。

此外，按照当代科技及教育发展趋势，深化高等教育改革，注意自然科学和社会科学结合，基础学科和应用学科结合，教学、科研、生产结合，也是培养造就高素质人才的重要手段。

2．科学教育中学生学习的原则

从现代科学技术日益成为社会全面进步最基本的因素以及现代社会日益科学化的趋势来看，未来教育必须以科学教育为基础。当今世界各国大学的讲台上，科学技术教育已经处于首屈一指的地位。在科学技术高速发展的今天，高科技产品不断涌入人们的生活，科学素养正在变为日常生活必不可少的一个能力。科学上的许多重大发现，比如有关宇宙或者生物技术的进展，深刻地影响人们看待自我的方式。社会发展客观上要求人才的培养改变单一型的智能结构，全面提高学生素质，那么在科学教育的学习中学生要遵循哪些原则？

主动性原则

主动性原则是指学生在科学教育过程中，通过主体意识的培养与确立，把课堂教学过程看作是自己自主学习与掌握知识的过程，积极主动地参与各种教学活动，达到学习知识、发展能力、提高科学素养的目的。

最早提出主动学习与科学认识过程相结合的是20世纪著名教育家杜威。杜威从经验主义出发，认为学生要获取知识，必须以其亲身经验为基础。因此，他提出学生要从生活实际问题着手，积极寻求解决问题的方案，并实施解决问题的过程，最后以验证方案的正确与否作为阶段性认识活动的结束。在杜威的教学过程中，学生始终以主动探索者和问题解决者的角色出现，体现了较强的学习主动性。因此，主动学习是问题探索或教学过程中必不可少的条件。

科学教育中实施学生学习的主动性原则，要求以马克思主义科学实践观为理论基础，把科学认识活动当作主动变革现实客体或知识客体的过程，变为主动探索事物由来和发现其间关系的活动，以亲身的体验、经验生长为基点，以自觉性和主动性为动力，通过不断变革已有认识，获取新知，发展能力。主动性原则要求学生在参与科学教育过程中做到：

（1）有强烈的求知愿望

对生活周围的事物有强烈的求知愿望，希望得到满意的答案与解释，喜欢观察，喜欢提问，并表现出持之以恒的态度。

（2）有主动的参与意识

在学习科学知识的过程中有主动参与的意识，明确自己是学习过程的主体角色，并表现为积极主动地提出问题，主动要求回答问题，积极参加各种讨论，勇于发表个人的见解，主动要求与人合作，开展各种科学探索活动。

（3）形成主动负责的个性特征

对科学教育中面临的各种探索活动持有成功的信心。愿意与同学互相交流，养成容纳不同意见的习惯。在探索中碰到困难和挫折时知道自我调节，形成谦虚与自信相结合，既有主动开拓精神，又能与人合作共事的风格。

（4）学会自我评价

在科学活动中，一方面要学习评价客观事物，评价各种教育结论正确与否；另一方面要学会自我评价，能通过评价，反思自己的研究过程，评价自己成功与失败的原因，分析自己的学习动机、态度、习惯、方法及结果，不断地从中找到问题，加以改进，实现自我完善。

科学教育之所以不同于传统的"传授—接受"式教学，最根本的一点就是强调学生参与认识活动的积极状态，这也就是主动性原则的核心所在。只有学生把学习科学知识的过程看作是一种自主学习与探索的过程，才能摆脱单纯以知识、技能训练为主的接受或被动学习，在态度、价值观、能力、方法、行为、习惯等方面都得到发展，实现科学素养的全面提高。

独立性原则

独立性原则是指学生在科学教育的学习活动中能坚持独立性，以自主学习为主，不依赖别人。在行为上表现出能独立地进行思考，独立地发现问题、分析问题和解决问题，独立地承担并完成科学调查、探究、社会实践等活动。

独立思考是人们进行科技活动的必要前提。科学史上有创造性的科学家大多具有独立性精神。在科学探究中常常会有一种思维的惰性力量，把已有的学说当成真理标准，简单模仿。具有独立精神的人则不愿受此束缚，他们独立思考，既继承前人的成果，又不盲目附会，敢于向科学权威提出挑战，敢于标新立异。我国杰出的科学家李四光就是善于独立思考的典范。当国内外地质学家权威判定中国第四纪无冰川时，年轻的李四光竟然提出中国存在着第四纪冰川。本世纪二三十年代美孚油行在中国钻探石油失败，"中国贫油论"在当时盛行时，李四光却指出："美孚的失败并不能证明中国没有油田"。

很多科学家都非常重视科学教育活动中独立性的培养。爱因斯坦就曾指出：发展独立思考和判断的一般能力，应当始终放在首位，而不应把获得专业知识放在首位。如果一个人掌握了他的学科的基础理论，并且学会了独立性地思考和工作，他必定会找到他自己的道路，而且比起那种主要以获得细节知识为其培养内容的人，他一定会更适应进化与变化。

学生在科学学习中坚持独立性原则对其科学探索和科学知识的学习具有十分重要的意义。一般来说，独立思考水平较高的学生，在同样条件下比独立思考水平低的学生在事业上具有成就。为此，培养独立探索精神是现代科技教育的必然要求，具体应注意以下几个方面：

（1）要学会独立思考

学会独立思考的特征是凡事有自己观点与见解，不人云亦云。培根在《新工兵》中曾讲过三种不同的学习方式：一种是蚂蚁式的学习，只会搜集材料；一种是蜘蛛式的学习，只会口中吐丝；另一种是蜜蜂式的学习，博百花酿出蜜来。一个人不会独立思考，就像吃了东西不会消化一样，是一定学不好的。独立思考要求学生正确对待书本知识，有两种态度是不可取的：一是全盘否定；二是一切唯书论。知识是独立思考的前提，但不能做它的奴隶。

善于发现问题，提出问题，这是独立思考的又一主要标志。科学学习是一种探索，提出问题比解决问题更重要。因为解决问题也许仅是一个数学上或实验上的操作过程而已，而提出问题，从新的角度看旧的问题，却需要创造性，且标志着认识的真正进一步。

（2）提高独立学习的水平

要提高独立学习的水平，就要了解自己的认知特点，具有调节和管理自己认知活动的能力。比如，明确自己应该怎样感知、记忆和思考，有计划地分配学习时间和精力，检验自己的学习结果，总结学习活动规律等等。通过这些可以提高独立学习和探索的效率。当然这一点主要是针对年级较高的学生而言的。

参与体验原则

参与体验原则，顾名思义就是要求学生在科学教育中，积极参与各种学习和实践活动，并表现为在发现科学知识、解决实际问题的过程中获得体验，从中学习和掌握新知识的一种积极倾向和主动行为。参与体验包括参与意愿、参与动机和参与能力三大要素。参与意愿是指在科学认识活动中表现出的一种积极、主动的倾向性心态，强烈的求知欲、好奇心和探索精神。参与动机指对科学认知活动目的意义的认识水平。参与能力则指投入科学认识活动所需的各种适应能力。

在科学认识活动中，学生具备积极、主动的参与精神十分重要。首先，科学教育的内容是以学生生活中常见的事实或需要解决的问题为主。学生学习这些内容，首先需要激活他们的学习兴趣与动机，产生参与体验的愿望。只有具备了这种心理准备状态，学生的学习才会以自觉性主动性为动力，产生强烈的兴趣和欲望，并在亲自参与体验的状态中，使科学认识与情感、兴趣、需要等心理因素有机地结合起来，成为一种真正有意义有兴趣的学习。其次，体验学习也是使学生产生探索、追求及创新心理的源泉。在参与活动中，学生往往会碰到各种新问题，并想搞清其究竟。这样，一个问题解决了，又会出现另一个问题，促使学生不断探索，从中培养分析问题、解决问题的能力。还有，通过在科学认知活动中的参与体验可以使学生掌握实际从事研究的能力，包括问题的分解、信息收集、资料汇总、分析判断等方法，以及如何处理这中间的人际关系、与人共事、怎样与有关方面打交道等等，这些只有学生在不断的实践中亲身经历，才能真正学到。科学教育中坚持参与体验原则，要求学生必须注意：

（1）确立角色意识和集体观念

学会参与，首先需要学生在科学认知活动中确立角色意识和集体观念，认识到参与是一种合作，参与既有个体特定的目的要求，又有集体合作交往、共同完成任务的要求。要学会在群体活动中既有角色意识，又能服从合作的需要、集体的需要，具有在不同场合进行角色交换的能力。

（2）参与体验中对品质的培养

参与体验中要树立角色到位、对自己行为负责的观念，包括意志、毅力等品质的培养。科学认识活动从感知开始，在实践中可能会碰到各种问题与困难，需要坚持角色意识，对自己的行为负责到底。如在植物的栽培过程中需要在温室里操作，学生就要在摄氏40度高温室内进行长时间的学习。又如饲养小动物、了解动物的生长过程也必须要有充分的耐心和忍耐力。尤其是碰到困难时更要注意调节低落、气馁、灰心、任性等情绪，通过意志、毅力，坚持到底。只有真正做到这一点，科学实践的探索活动才能使学生真正有所收获。

实践性原则

科学教育的实践性原则要求学生从读科学变为做科学，通过积极地动脑、动手、动口，探索、实际操作，亲自获取知识和经验，并且运用所学到的科学知识和经验，解决周围生活中的具体问题，锻炼用科学方法解决实际问题的能力。实践活动是科学教育中不可缺少的环节，实践性原则是科学教育要求提高学生科学素养的最有效途径。

科学教育是在社会、科技高速发展对人的素质要求不断提高的前提下产生的，目的是培养学生具有与现代化社会相适应的科学观念、精神、态度以及科学探索和解决实际问题的能力。如果科学教育单纯局限于传统的课堂讲授，学生只接触书本知识、间接经验，就难以深刻理解、掌握并运用所学知识，并且会因为缺乏个人的参与体验，无法形成解决实际问题的能力。因此，科学教育必须坚持实践性原则。这不仅有助于学生掌握知识，培养能力，发展科学价值观；而且有助于他们学以致用，及时将学到的科学技术知识和方法用到实际生活中，进一步巩固深化所学的知识，加深对科学教育价值的认识。

在科学原理的学习过程中必须坚持理论联系实际，学用结合。如果仅仅满足于了解科学原理和概念，就事论事地学习一些具体的实际操作方法，则无助于对科学原理的深刻认识与掌握。只有学用结合，用所学的科学原理去指导科学实践，多做一些与日常生活密切联系的小实验、小创造、小发明，以学指导用，又通过用来促进学，才能有助于真正掌握科学知识，开拓思路，提高解决实际问题的能力。

实践活动是由大量操作组成的。在科学教育的学习中要求学生坚持实践性原则，必须注重学生各种实际操作能力的提高，包括让学生学习使用各种实验工具，并了解其性能，具有动手制作的技巧，并有一定的工艺水平；会使用计算机、网络查找资料，获取信息等等。总之，科学研究中的各种操作技能如何，学生会使用多少工具，是实践性原则能否成功运用的基础。

实践性作为学生科学学习的原则，不能只局限于自然科学的实验室操作，还应包括更宽泛的内涵。在实验室中可以进行物理、化学、生物等学科知识的实验活动，但现代科技中的许多领域，如环保、能源、生态等需要在现实生活、社会乃至更大的范围内实践。因此，实践性原则的运用除了与有形的操作技术有关外，还与认知策略、心智技能有关，实践活动不仅包括观察、想象、类比、推理等多种思维过程，甚至还涉及情绪体验。为此，通过大量的实践性学习，一定会对全面提高学生的科学素养起积极作用。

3. 如何对学生进行科学素质教育

学生科学课程是以培养科学素养为宗旨的科学启蒙课程。科学素养的形成是长期的，早期的科学教育将对一个人科学素养的形成具有决定性的作用。

在对学生的科学教育中，应着重注意以下几点：

激发科学学习兴趣

学习兴趣是学生科学素养培养的重要内容。兴趣是最好的老师，"教育的本职不是谋生，而是唤起兴趣，鼓舞精神。"新课程标准要求要以科学兴趣的激发作为切入点，呵护学生与生俱来的好奇心与求知欲，进而通过科学探究将这种好奇心转化为科学兴趣，使之真正发挥科学学习的原动力。"本来好奇心就是人与生俱来的，但后来不知道为什么，到了学生从学校毕业的时候，孩子们的这种好奇心反而逐渐减弱了"，对此教育工作者是有责任的。

引领学生亲历科学探究过程

在过去的文化背景下，我们的科学教育往往既枯燥又乏味，教师实行的是照本宣科、"填鸭式"、"满堂灌"，学生们依赖死记硬背蒙混过关，根本不知道科学和他们周围世界有何相关。科学探究过程一般包括几个方面：观察、提出问题、作出假设、制定计划方案、实施计划、分析综合整理、表达交流等。教师有责任对学生的探究活动给予适当帮助、适时调控。

问题情境阶段，教师要为学生创设具体的问题情境，引导学生观察并思考。提出假设、验证假设阶段，学生提出假设和实验方法时，教师要引导学生独立思考，把自己的想法记录下来，并将自己的观点在探究中交流讨论，反复探究，验证假设的正确与否。虽然不是每一个方案，每一次实验都能见效，但只要学生动手动脑，就一定会从中得到效益。在学生探究出现困难和失败时，教师及时引导和鼓励他们更改假设，重新实验。发现、概括阶段，在实验完成后，教师要鼓励学生根据观察的现象进行解释，引导学生自己概括出结论。

科学学习要以探究为核心，这是当前世界各国都提倡的。当然科学探究并不是学习的唯一方式，而且对于大多数科学内容，学生也不可能探究起来，不可能自主发现地进行建构。实际上，学生围绕一定情景或问题的主动收集资料的过程，也是一种探究式学习。因此，也应该提倡以主动积极的探究方式来学习大量的间接知识。在探究式教学中，对学生各方面科学素养的培养是不能分割的。

利用现有条件开发课程资源

科学课程的实施，离不开充足的课程资源的支持。我们首先要挖掘校内课程资源，特别要加强科学专用教室的环境建设，包括实验仪器、学校图书馆、校园网及其他教学设施。通过这些资源，激发学生学习科学的欲望、探究自然的兴趣和好奇心。教师应积极开发的教学素材，如教学材料、实验方案、教学论文、课件、图片、学生优秀作业和小论文等，使之形成资源库，在一定条件下逐步实现资源共享。

此外要敢于走出课堂，建立校外课程资源，包括：河流、农场、田地、各种动植物，社区活动中心、街道、开发区、工厂等。每所学校都有自己的独特周边环境，因地制宜，开发和利用好校外课程资源，可以增加学生对科学的兴趣，为学生今后真正的科学探究奠定了基础，也为学生提供了接触社会的机会，丰富了学生的知识面，增强了学生的社会交往能力，培养了学生的社会责任感，推进了学生科学素养的形成。

正视现实提升教师自身专业素养

学校教师本身科学素养直接影响到能否上好课，能否培养出符合时代需要的人才，作为科学教师理应自我加压，努力提高自身的专业素质。目前科学教师的专业素质不容乐观。首先是师资紧缺，由于教育界对科学教育的不重视，目前专职科学老师很少，仅占一成左右。其次，科学教师的工作量也是非常大。

学校科学是一门多学科、多内容的综合性课程。科学教师承担的是综合教学的任务，除了必要的教育科学知识，更需要具有广博的物理、化学、生物、天文和地学等科学领域的知识。驾驭这样一门知识领域极其广阔的学科，要求教师必须通晓科学学科涉及的各个领域的专门知识，并及时了解科技和教育的最新观点、信息和研究成果，不断更新和完善自己的知识结构。

科学教师还要特别了解和掌握科学探究方法，合理运用科学探究方法。只有教师自身了解和掌握常用科学探究方法的特点与要求，才能在教学过程中合理地运用它们，从而发展学生学科学、用科学的能力。只有教师自身掌握了先进的教育教学理念，具有系统、全面的专业知识结构，具有高超的教学技能和良好的心理素质，才能适应新课程改革的需要，才能真正实现学生的自主发展。要成为一名合格的、优秀的小学科学教师既是光荣的，也是难能可贵的。

提高学生的科学素质是一个长期的复杂的过程，并非一朝一夕之事。身为教育第一线的工作者要精心呵护学生在学习过程中表现出来的学习热情和创造能力，唤起学生的创造欲望；营造浓厚的创新氛围，给学生以充足的时间和空间，逐步提升学生敢于质疑、思索、探究、创造的科学素养。

4. 课堂教学是科学素质教育来源

素质教育包括对学生进行道德素质教育、文化素质教育、心理素质教育、身体素质教育、科学素质教育等等。其中在学校生物课堂上培养学生的科学素质是生物教师的重要任务之一。

在生物教学中，对学生进行科学素质的培养，重要的是在学生获得生物学基础知识的同时，重视科学思维的培养；在学习知识的过程中，重视探索能力的培养和科学方法的培养。科学素质的培养应始终贯穿在科学知识的获取过程中，而学生获取知识的主渠道是课堂教学，因而在课堂教学中如何培养学生的科学素质是生物教师需重点研究的课题。

精心设计课堂结构，培养科学思维能力

教师给学生传授知识的依据是教材，但教材编写主要侧重于知识的系统性，不一定适合科学思维的过程，也不一定适合教学结构。因此，教师在备课时，应对原教材进行深入研究，在其逻辑结构的基础上，根据自己对教材的理解，结合学生的实际情况，通过巧妙的构思，重新组合和设计，以形成独特的教学逻辑结构，揭示科学思维过程，使之尽可能激发学生的思维，有利于培养学生科学的思维能力。

精心质疑，培养科学探索能力

科学研究过程实质就是发现问题、分析问题、解决问题的过程，也就是科学的探索过程。在教学过程中，教师主导作用的一个重要方面就是善于从教材内容和学生心理状态出发，采用各种方式设计富有启发性的问题，创设探索的情境，激发学生思考和探索的欲望，

从而达到在获取知识的同时培养他们的科学探索能力。

重视科学发现的讲解，了解科学研究方法

在生物教材中有许多内容涉及到科学发现过程。在生物课堂教学过程中，重视科学发现过程的讲解和归纳，模拟或设想当时科学家探索科学真理的情境，使学生在获取知识的同时能够感悟科学家的思路，总结他们研究科学问题的一般原理和方法，有助于学生了解生物科学的研究方法。

当然在生物教学中培养学生科学素质的方法和途径是很多的。例如，开展第二课堂活动，努力进行探究式教学，强化实验课等等，均不失为好的形式和方法。但是鉴于目前生物课的地位，充分发挥课堂教学主渠道，优化课堂结构，精心设疑，重视科学发现过程的讲解，无疑是培养学生科学素质的有效途径。

5. 培养学生的科学素质方法

科学技术是第一生产力，当今世界在新科技革命的冲击下，无论是发达国家，还是发展中国家，都面临着严峻的挑战，各国的经济、军事、文化、教育等受到强烈的影响。显然，增强全民的科技意识和科学素质，加强中学生的科学素质教育是当前深化教育改革的一项重要内容。二十一世纪的竞争是人才的竞争。国家的繁荣富强取决于人才的科学素质，人才的科学素质在当今的竞争中显得尤为重要。青少年是祖国未来的主人，提高中学生的科学素质是关系到国计民生的重要大事。

打破传统的教育观念，增强教育的科技意识

多年以来，人们只把学生的文化成绩作为教学质量的唯一评价

标准，忽略学生智力的开发和能力的培养。在实际教学中，虽然强调对基础知识的掌握，但有时会犯重理论知识轻技术技能的错误。工作中只面向升学率的现象如果不改变就不能很好地培养学生的科学意识，我国教育就不能适应新科技革命的挑战。如此看来，深化教育改革，必须转变传统的教育观念，把升学教育提升为全民的素质教育。

教育是科学发展和经济腾飞的先决条件，学校教育要考虑如何增强教育的科学意识。现在不少校园对科技生产力的认识不够，教育不能主动地为经济发展、科技发展服务，使许多新科技成果得不到有效地开发，不能创造更大的社会价值。

在发展战略研究上，教育改革缺乏宏观的开阔视野，只是就教育论教育。从现实看，我国已有的科学知识、科研成果，转化为生产技术和社会直接生产力的效率不是很高，尤其是农业科技的推广。其根本原因，就是缺少具有文化科学素质的劳动大军。为了让科学技术推广到各家各户，必须对学生加强科技素质教育，要注意理论知识和技术应用的联系，要让学生深刻了解科学理论和技术关系，注意科学技术在社会生产和生活中的应用，懂得科学技术对社会发展和经济建设的重大意义。放眼世界，把握国内外先进科学技术的现状和发展趋势，从而增强学生的科技意识，培养他们学科技用科技的思维习惯。

加快新课程改革进程，增强教学课程的科技性

课程改革是教育改革的核心，要尽快建立以符合社会的需要、学科的要求和学生发展为基点，以全面提高学生科学素质为核心，大力发展学生创造性的新的课程教材体制。在新科技革命影响下，世界各个国家都非常重视科技教育，都非常注意观察其他国家的科技教育发展动向，以便从中借鉴经验，调整本国的有关科技教育课程。而我国普通中学在科技教育方面显得有些滞后，虽然在工农业

生产，日常生活中最常用的科技知识方面有所涉猎，但在新技术、新能源、新材料和现代化生产的一般工艺的操作上有些薄弱。因此，培养适应社会发展的高科技人才，就应对基础性学科和辅助性学科进行调整，把高科技知识、方法深入浅出地引入各科教学过程中，结合中学各学科特点有针对性地进行渗透。

同时，在学习阶段开设科技课程，依据各年级特点，有计划地进行科技素质教育，使学生了解并掌握现代生产的一般工艺，掌握现代生产科学技术的基础知识、基本技能。例如，七年级可以开设科技启蒙课，从中学生的心理、生理的发展角度出发，使之树立科技创造文明、科技创造财富的观念。在课程内容上将科技与家庭、社会和世界联系起来将科技知识介绍给他们，让他们从小养成科技意识，启发他们运用科技的热情。八九年级既要从他们的兴趣出发，又要考虑教学内容的通用性和迁移性，使他们在知识、技能、观念等方面都能达到一个具有科技素质的合格公民的要求。这两年内尽可能让学生认识、了解现代工农业生产知识，各种现代机械的使用，介绍科技与人类发展的关系，讲授电子计算机原理、环境能源问题等。除此之外还要积极开设各种专题讲座，让学生吸取科学技术的最新成就。从科学、技术的发展前景出发，提高学习的积极性，制定年级和阶段目标，分层次有重点地使科技素质教育课程向纵深方向发展。

积极开展科技活动，增强学生科技素质

课堂教育已很难适应现代科学技术的传播要求。积极创造条件让学生走出课堂，直接参加各种面向自然、面向社会和实际生活的科技活动，这是学校教育改革的重要内容。青少年科技素质教育的一个重要目标在于培养学生的科技创新能力。

（1）要围绕第一课堂教学展开

这是学校科技素质教育能否长期坚持下去的根本条件。学校可以结合课堂教学积极开展各学科竞赛、专题辩论会、文学竞赛、百科知识智力竞赛、抢答赛等科技活动；使科学知识做到进一步深化和提高，促进课堂教学的开展。同时又能及时发现培养各学科的精英，促进学校科技活动向更深的层次开展下去。

（2）要大力开展第二课堂科技活动

可以举办各种科普讲座、科技报告会及培训班；播放高科技教学片，指导阅读科普读物；组织参观科技展览馆；成立科技兴趣小组，开展科技实验和科技发明活动；引导学生观测、考察、撰写科学论文和调查报告；组织各种科技夏令营、科技竞赛活动；在班级活动中也可以联系新科技内容，使课外、校外科技活动开展得生动活泼。

（3）要从实际出发，因地制宜地进行

开展科技活动，要适合青少年学生的年龄特点和知识水平，使他们所学的东西和开展的活动都符合其接受能力和知识水平。同时，要从各学校的条件和所处的环境等实际出发，因地制宜地进行一些具有当地特色的科技素质教育。如农村学校可以进行种植业、养殖业、农业气象、农业机械、标本采集制作等科技素质教育活动。城市学校可以进行一些如无线电、航模、电子计算机、家用电器等科技素质教育。

（4）要注重培养中学生以下科技素质

一是注意培养学生实事求是的科学作风，一丝不苟的科学态度和百折不挠的科学精神。从小培养中学生勇于探索、追求新知、实事求是、独立思考、敢于创造的科学精神，引导学生从小学习公正、献身、求实、协作、创新的精神。要经常用著名的科学家、发明家为科学技术献身的精神来教育学生。使他们懂得：无论是探索科学奥秘还是学会掌握一门先进的技术，都要付出极大代价和辛勤的劳动，而且会遇到挫折和失败。所以必须具有严肃认真、一丝不苟和持之以恒的顽强拼搏精神。

二是注意经常启迪青少年的科技意识。可以举一些科学家、发明家以及同龄优秀的青少年创造和发明的典型事例，启发、鼓励和培养青少年的创造精神；经常性地开展青少年创造发明比赛活动。

三是注意改革中学生理科教学，增强学生的科技能力。理科教育的改革，不仅使学生掌握科技知识和操作技能，而且会培养学生树立科学的世界观、富有时代气息的价值观和解决社会实际问题的能力。学校还要及早培养学生科技、信息意识，上好实验课。要使学生了解先进的科学理论，是怎样变成高技术产业，为现代化建设服务的。

总之，培养学生的科学素质，关系到国家的发展和富强。人民教师任重道远，但只要遵循教育规律，从实际出发，刻苦钻研，兢兢业业一定能在培养学生科学素质的征程中取得突破，为国家做出贡献。

6. 提高学生科学素养的措施

科学素养，一般来说是指科学知识、科学技能方法和科学观念。现代社会是知识经济的时代，对人类自身素质的要求越来越高，只有具备较高的文化知识水平和科学素养的人，才能适应社会发展的需求，使社会得到和谐、健康的发展。

科学素养是目前世界各国科学教育的最主要目标，培养中学生的科学素养是全面实施素质教育的要求，是时代和民族发展、科学技术进步对未来人才的需要。初中科学课作为对中学生进行科学启蒙教育的一门重要的基础学科，对培养学生的科学志趣和创新精神，培养学生学科学、用科学的能力即培养学生的科学素养有着十分重要的意义。

现代科学教育必须改变仅仅完成传授知识的现状，应更多地关注学生的可持续发展，在科学教学中有意识、有目的、有计划地提高学生的基本科学素养，这也是实施素质教育的重要内容，是让学生适应未来社会发展的基本需要，是落实"以学生为本"的教育理念的根本保证。培养学生的科学素养，应成为广大科学教师共同关注的重要课题。

科学素养的培养是一个潜移默化的过程，不可能一蹴而就。科学教师应多思考、多探究、多实践、多总结，按照初中学生的认知规律和特点，因地制宜地采取多方法培养学生的科学素养。本人认为可以从以下途径去进行尝试：

科学知识的传授过程中贯穿科学素养的培养

科学知识的掌握是科学素养提高的前提和保证。一个科学知识储备贫乏的人，是不可能提高他的科学素养的。但是，只注重传授科学知识和技术是片面的科学教育。全面的科学教育要求科学教学既传授知识和技术，更要训练科学方法和思维，还要培养科学精神和品德。现不少学校受"升学与考试"影响，大量地让学生记概念，记科学用语，完全忽视了学生的认知心理，把一个多姿多彩的科学世界变成了枯燥无味的记忆仓库，把学生轻松愉快的心情变成了许多的无奈和抱怨，很多学生会就此失去了学习科学的兴趣。因此，科学教学的首要任务是保证学生对科学的浓厚兴趣，让学生带着兴趣这把金钥匙去叩开知识的大门。同时教学中鼓励学生要不拘泥于书本，不迷信权威，不墨守成规；教师要尽量减少对学生的限制，并适时适度地给学生以帮助，激励学生充分发挥想象力和主观能动性，独立思考，大胆探索，标新立异，积极提出自己的新观点、新思想、新方法，培养学生的观察能力、勇于探索的意志力、实事求是的科学态度，训练学生归纳、综合、抽象等思维方式，逐步掌握学习和研究问题的基本方法。同时学会发现隐含于问题背景后的科学知识，形成解决问题的技能，形成自主学习的能力。

（1）介绍科学发展史

在教学中，既要传授科学知识，也要适时地介绍科学史。科学史不仅包含着科学家的天才智慧，更为感人的是科学家们严格的科学态度，坚韧不拔、追求真理的精神，是培养学生的科学思想和崇高品质的极好典范。

例如讲到遗传和变异，可以向学生介绍我国著名科学家、工程院院士、"杂交水稻之父"袁隆平的典型事迹，培养学生的爱国热情，坚定将来投身科学的信念。再比如在讲氧气时，介绍燃素学说是怎样提出的，这个错误的理论为什么能得到当时许多科学家承认？普利斯特利为什么在实验中没有发现真理？而拉瓦锡怎样利用氧气的发现推翻燃素学说提出燃烧的氧化学说的？这一曲折过程包含着深刻的科学思想和科学方法，使学生从前人的失败中得到教训，从胜利中得到启发，对培养学生科学思想和科学方法是很有启迪作用的，像这样的实例在科学史上举不胜举，在教学中渗透科学家的故事，为学生们将来投身于科学事业提供了榜样，这当然是学生科学素养提高的好素材，要充分地利用。

（2）实施探究教学

探究是学习科学的重要途径之一。传统的教学过程重知识、轻能力，重结果、轻过程，但许多知识是容易遗忘的，更何况当今知识更新的速度极快。通过学生亲身经历的基于实验的探究、基于测量的探究、基于逻辑推理的探究和基于技术性设计的探究等各种类型的探究性学习，不仅能使学生更生动活泼地获得知识，而且印象深刻不易遗忘。现代教育思想愈来愈多的重视对学生思维能力的培养和创造能力的挖掘，而思维能力的开发与探究能力密切相关。因此，在科学教学中，应着力通过多种途径，注意对学生探究能力的培养，以期达到对学生多种心理机能和学习的综合性智能的发展。所以教师必须关注学生的可持续发展，注重科学素养的培养，提高其获取知识的能力。

例如"浮力"一节知识，是科学学科中公认的难点，教师完全可以在有效的指导下，放手让学生大胆进行探究，在学生自己的探究中理解"阿基米德定律"，掌握物体的浮沉条件，澄清浮力与物体密度、浮力与深度、浮力与物体体积等关系。这样既在探究过程中培养了学生自身的科学素养，又加强了对概念的理解，知识的掌握，是一举两得、事半功倍的好举措。

（3）教学过程渗透科学技术新信息

当今的社会是科学高速发展，技术突飞猛进的时代。如在各章节的教学中，适时地掌握好教材基础知识与现代科学技术动态的衔接，能极大地调动学生学习的热情，培养科学的素养。如从"神舟六号"到"嫦娥计划"，从磁悬浮到子弹头，从人类转基因工程到人类克隆技术，从超导到纳米等等，教学中渗透这些知识不仅能拓展学生的科技视野，增进学生对科技与社会关系的理解，提高学生的实践和探究能力，而且，唤起了学生的时代感，树立了科学意识，并从中获得启示：现在的学习是为了明天的创造和发现。

在科学实验过程中培养学生的科学素养

自然科学是一门实验科学，许多概念的引进、规律的得出都和实验有着密切的联系。在课堂教学中，加强实验的教学一方面可以激发学生的学习兴趣，另一方面通过实验培养了学生观察和实验的能力，从中学会以实事求是的态度面对科学，体会科学研究的一般方法，并从学生间的团结协作中感受成功的快乐。

比如在"电磁感应现象"一课教学中，设计让学生们自主选择

26

器材进行实验探究电磁感应现象的产生条件。借助实验，培养学生的科学意识，学会从身边的现象和学过的知识着手发现问题，寻找规律。实验中，让学生们两人一组进行实验，有的学生选择了条形磁铁，也有的学生选择了通电螺线管。实验中，学生们大胆尝试，积极实践，想了很多办法：有的同学把条形磁铁放在闭合线圈中，把线圈与灵敏电流计相连，结果它没有找到电流，然而无意识间晃动了一下磁铁，忽然看到灵敏电流计的指针晃动了一下；有的学生把条形磁铁放在线圈外侧，将条形磁铁与线圈接触，寻找感应电流；有的同学把线圈与条形磁铁摩擦，寻找电流；也有的把灵敏电流计和条形磁铁串接起来，结果，学生中有的找到了电流，也有少部分学生没有找到。但实验不管成功与否，学生们对此兴趣十足。这一过程为学生们提供了一次学习的经历，让学生成为了学习的主人，通过自主的探究、动手实践，体验和感悟了科学研究的方法，培养了学生的科学意识和勇于创新的精神。然后让实验成功的同学给大家演示并交流，通过学生间的相互交流，让他们体会交流协作的乐趣，培养他们实事求是、尊重科学的精神，学会提出问题，并借助实验手段研究、检验和归纳结论。

通过实验的探索，一方面使学生更好地理解掌握科学知识，锻炼动手操作能力，培养观察能力和思维能力，另一方面，对实验成败的比较分析，使学生认识到进行科学的探索和研究需要严谨求实的科学态度，否则将是差之毫厘，谬之千里。

除了课堂上的演示实验、学生实验外，科学教师也要充分利用课外家庭小实验来发挥培养学生科学素养的作用。课外小实验给学生提供了最好的内化过程，内化过程是学生内部因素起作用的过程，是一个亲身实践的过程，能帮助学生积累大量的感性经验，这样就有助于形成稳定的行为习惯，有助于形成正确的观点、信念、判断和评价，有助于他们科学素养的提高。让学生自己设计、自己选材、自己实验、自己发现问题、自己解决问题，培养动手、动脑、创新、创造的能力，从中体验成功的快乐，为将来立志科学事业奠定基础。

利用学校开展的科普活动培养学生科学素养

学校可以定期开展各种科普活动，比如说科普讲座、科学家事迹展、小发明小创造活动周、科学知识竞赛、科学墙报等，还可以多开辟小小科技角、科学小沙龙、课外科学活动兴趣小组等小社团，让学生置身科学的海洋，让他们看一看、做一做、玩一玩、想一想，从中学到知识，在潜移默化中接受科学的熏陶，培养科学的素养。

利用参观和社会实践活动培养学生科学素养

科学来源于生活，也终将应用于生活，突出应用性，就是要帮助学生形成"用科学提高生活质量"的意识。学校经常开展参观和社会实践活动，让学生亲身感受科技对工农业生产和日常生活的影响，感受社会的进步和科技的突飞猛进。

比如工厂、农村的种植大棚、生态产业园区、高新科技园等，都是参观和科学社会实践的好基地。还可以让学生结合当地特点，开展生态环境调查，水污染调查，空气质量监测等实践活动，让学生亲身感受人口、资源、生态环境、工业污染对我们生活的影响，帮助学生树立"科学能够改善我们的生活"的观念，要让学生懂得：我们现在所学的科学就可以应用到生活中去，使我们的生活变得更美好。这是提高学生科学素养的主要途径之一。

利用各种媒体途径提高学生的科学素养

当今社会，是信息化高度发展的社会，网络、电视、报纸、杂志等也成为信息传递的主要工具。教师要正确引导学生通过这些信息工具去获取最前沿科技动态和科技信息，使它成为同学们了解科学、了解世界的窗口。《中国公众科技网》、《科学在线》、《中华网中国科技》、《科普之窗》等等，都是非常好的科学网站。中央电视台《人与自然》、《科学大观园》、《科技之窗》等栏目，也是非常优秀的科普栏目，科学教师要适时地推荐给学生，让广大的学生在科学的雨露滋润下，在科学阳光的照耀下，一天天生根、发芽、开花、结果。

总之，现代科学教育的灵魂和核心就是培养科学素养。在科学教育中不但要加强双基的传授，更要加强学生科学方法、科学态度的形成，只有这样，作为一名科学教师才能不辱使命；只有这样，"科教兴国"战略才能真正得以实施。

7. 科学教育与学生的情感教育的联系

情感是人们对客观事物的态度的体验。它反映的不是客观事物的本身，而是具有一定需要或愿望、观点的主体与客体之间的关系。在现实生活中，其内涵具有更广泛的意义，常常与情绪等心理因素交织在一起，包含着人的极其多样的心理生活领域，我们称之为情感领域。

情感教育即情感领域的教育，它是教育者依据一定的教育教学要求，通过相应的教育教学活动，促使学生的情感领域发生积极的变化，产生新的情感、形成新的情感领域的过程。在化学教学中，我们不仅要向学生传播化学基础知识和基本技能，培养和发展学生观察能力、实验能力、思维能力、自学能力和解决实际问题能力，还要培养学生具备良好的学习心理素质、个性品德素质及审美素质，这些都是科学素质中不可缺少的重要组成部分。

在科学教学中加强情感教育，应根据学生生理、心理和认识特征，遵循优良情感发展的一般规律，从科学学科特点出发，做到以境育情、以知育情、以理育情、以情育情、以需育情。

以境育情

情感总是在一定的情境中产生的，情境中的各种因素往往对情感的产生起综合作用，此即"情感的情境触发规律"。根据这一规律，在科学教学中，可根据教学内容创设相应的情境，让学生身临其境，有直观的形象可以把握，有浓烈的氛围可以感受，有愉快的活动可以参与，触景生情，引发学生的积极情感体验，促使学生生动、活泼地学习。

例如，在讲述"电子云"时，教师可以运用投影叠加法，将氢原子的电子云图直观、形象地展现在屏幕上，创设一幕微观世界的情境，引导学生愉快"入境"，领略原子结构的奥秘。在这样的情境中，学生会情不自禁地产生探索的欲望，就可在好奇与欣喜中直观地理解原本抽象的"电子云"概念。

又如，在"盐类的水解"教学中，针对"盐溶液是否都呈中性"的问题，可创设实验探索的情境：将分别盛有氯化钠、醋酸钠、氯化铵三种盐溶液的烧杯置于学生面前，先让学生推断它们的酸碱性，然后引导学生用 PH 试纸或紫色石蕊试液测试、试验，让学生在主动参与、亲自实践中发现问题，形成认知冲突：盐不能电离出 H + 或 OH－，为什么有的盐溶液却会呈现酸性或碱性？由此激起学生的探索热情。在教学中还可创设演讲、悬念、试误、问答等情境，激发学生强烈的求知欲望。

以知育情

布卢姆等人认为"认知可以改变情感，情感也能影响认知"。心理学研究表明，情感的加深能促进知识的达成和能力的提高，而知识的掌握、能力的发展又能促进情感的深化。

根据这一规律，在科学教学中，教师首先要善于以知育情，提高学生的认识水平，端正和加强其情感的倾向性、深刻性和稳定性，让理智支配情感。其次，教师要善于以情促知，针对学生苦学、厌学现象，要发挥情感的动力功能，增强教育内容和丰富的情趣，提高教学艺术，引发学生积极的情感体验，使苦学、厌学转化为"乐学"、"好学"。

在科学教学中，对许多知识难点的分化，教师必须运用恰当的方法，做到深入浅出，让学生易学、易记。使学生在认知过程中，非但不感到艰涩、困苦，而且还能够饱尝成功学习的欢乐。

例如，在讲到"电解池"时，由于"阳极发生氧化反应，阴极发生还原反应"与原电池的正负极反应容易混淆。教师可把"阳极氧化"缩略成"阳—氧"，按谐音念成"痒痒"，伴"痒痒"的面部表情和搔"痒"的手势学生会发出会意的笑声。又如在做氢气加热还原氧化铜实验时，操作上应注意：反应前要先通一会儿氢气，再用酒精灯加热；反应结束时，要先撤去酒精灯，继续通氢气至生成的铜冷却。对上述操作过程，可以归纳成"氢气早出晚归，酒精灯迟到早退"。

以理育情

"教学永远具有教育性。"在科学教学中，注意挖掘和利用教材中的德育因素，对学生进行政治思想和科学素质教育，培养学生的爱国、爱科学的情感，是科学教学的一项重要任务。在这一点上，科学较其他学科有着许多独特的优势。但必须采取适合学生年龄特征的方式、方法，做到有理、有据，以理育情。

例如在讲述空气组成这一问题时，教师有意识地引导学生阅读课文有关拉瓦锡研究、发现空气是由氧气与氮气组成的过程是如何克服苦难的内容，进而讲述雷利等科学家在极其艰苦的环境条件下历经千辛万苦，积累几代前人的科学结晶，从仅有几毫克小差异中发现了稀有气体，通过化学史让学生感受到科学家不畏艰难困苦，勇攀科学高峰，不断追求新知识的精神，进而激励他们树立远大理想，崇尚科学，追求真理。

以情育情

情感活动具有泛化扩散的规律。在一定时间和范围内，情感可以感染到一些人，移情到与此相关的一些物上，此即情感的感染和迁移功能。

在教学过程中进行情感教育最根本的途径是教师要始终控制和调节自己的情绪，以愉悦的心境、真挚的情感去诱导、感染、激励学生。为此，在教学过程中，要建立民主和谐的师生关系。学生在学习中需要满足交往、沟通、探索的欲望，教师应该尊重学生在教学中的主体地位，积极为学生提供交往、沟通和探索的机会。

如在科学教学中，多给学生动手实验的机会，让他们在实践中主动发现问题、解决问题；在讨论和辩论时，让学生据理力争，充分发表自己的见解，促使他们在相互交流中启迪思路、发展思维。

另外，在课堂上，教师要以富有情感、生动形象的语言，点燃学生兴趣的火花，激起学生的学习热情，让学生感到教学内容生动有趣。教学语言要饱含对学生的引导、凝聚对学生的期望。如经常用"你能用几种方法解决这个问题"、"谁能想出更好的方法"、"请你来试试，好吗"之类的言语，引导、激励学生积极思考，及时给予肯定性评价。

以需育情

情感与需要具有相互制约的规律。一方面情感是在需要的基础上产生和发展起来的，另一方面情感又可以调节一个人的需要。一般地说，凡是与主观需要相符合，并能使之得到满足的事物，就会产生肯定的、积极的情感；反之，则会产生否定的、消极的情感。

如果学生将学习活动、求知欲望作为自己的优势需要，则他们就会产生热爱学习、追求真理的情感。一个有严重厌学情绪的学生，他就会将学习看作是一种学生的负担或累赘。在学习活动中，学生必须明确学习目的，培养合理正当的需要，以利于形成自己的高尚情操；同时，又必须使自己的较为低级的情绪变成较为高级的情操，从而使自己的需要受到这种高尚情操的支配和调节。

例如，在进行铁在氧气中燃烧的实验时，总有一部分学生结果不理想，这部分学生往往急于想弄清楚其中的原因，而由此萌生积极探索的需要。在学生呈现这种需要时，教师应立即通过一步步的启发帮助他们弄清实验失败的原因，让他们再次实验并获成功，使他们这种需要得到满足，他们就会在享受成功的喜悦中产生对实验的坚信和钟爱。

在科学教学中加强对学生情感教育的途径和方法很多，教师应结合自己的教学实践，积极探索和不断创新，达到寓教于情、寓教于乐，使教学过程成为师生共同探索、相互交流、实现再创造的愉快活动过程。

8. 科学故事在素质教育中的应用

改革开放后，教育曾一度推行应试教育，出现重理工轻人文、重智育轻德育、重专业知识轻综合素质的片面倾向，培养出来的学生只会做题，不会做人；只会做事，不会思考。虽然掌握了一些知识和技能，但科学素质上不去，人格修养跟不上，不适应现代社会发展的需要。

树立科学形象，促进学生身心健康的发展

科学家对人类的贡献是无法衡量的，他们改变了世界，创造着未来。这些科学家恢宏伟大的人生价值，对学生的熏陶感染、对学生心灵的震撼无疑是巨大的。介绍牛顿、安培、法拉第等众多科学家的生平和事迹的书籍，把这些材料与教学结合起来对学生进行思想、精神、道德、意志等方面的教育。

爱迪生为找做灯丝的最好材料，先后实验了1600多种材料；法拉第通过十年不懈努力才找到了磁生电的方法；现在看到的欧姆定律公式那么简单，但是欧姆为了研究这个问题，经历了多次失败，花费了十年心血，把数学和物理结合起来，最终才把电学中的三个量U、I、R之间的关系用一个完美的形式表达出来，即 $I = U/R$。

牛顿是半工半读完成其在剑桥大学的学业的；爱迪生只读了三个月的书就因耳聋而辍学，从小以卖报为生。艰苦的环境磨练了他们的意志，造就了他们的事业。

学生从科学家的身上理解了"天才不过是百分之一的灵感加上百分之九十九的汗水"这句话的深刻含义。从科学家身上学到的热爱科学、实事求是、勤奋好学、刻苦钻研的精神，正在成为学生学习的动力，并有力地促进了学生身心健康的发展。

科学家敢于创新的精神，树立正确价值观

科学家们重视继承前人的知识和经验，更有敢于创新的精神。爱迪生想他人不敢想，做他人不敢做，不怕失败，做了2000多次实验，发明了灯泡，建立了纽约中心发电站，为人类带来了光明。

引导学生去研究科学家的思想和价值取向，从而树立与现代社会发展相适应的人与自然和谐统一的世界观；建立人生的意义不仅在于向自然和社会索取，更应在于通过自身的发展、实践向自然和社会的发展做出自己贡献的人生观；确立人与自然、个人与社会、

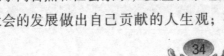

今世与后代公平、合理、和谐发展，以人类长远利益为崇高目标的人文理性的价值观。使青年学生具有高度民主的政治意识，公平、公正的社会理想。

科学家求真精神，提高学生辩证思维能力

在物理教学中，大多数教师注重让学生掌握的是教学大纲中规定的物理概念和规律，这使得学生对物理学发展的曲折历史知道得很少。学生不了解所学知识的形成过程，这不利于学生对物理知识的深入了解。

把历史上不同学派间的争论展示给学生，可以打破传统的逻辑教学给学生留下的科学发展是直线前进的印象，使学生了解到，科学发展史是一部理论与实践交叉、失败与成功并存的发展史。回顾历史，还可以加深学生对物理概念的进一步了解，同时对学生进行探索、开拓精神方面的教育。

不同内容的历史，可以使学生得到不同方面的教育。例如利用"热机发展史"可以向学生阐述这样一个道理：各种机器的发明，是生产发展的必然产物，先进机械设备的出现推动了工业革命的发展，而工业革命的发展又带动了机器设备的不断改进。社会要前进，科学发展永无止境。物理学史实中包含有深刻的辩证唯物主义原理，在教学中有意识地用辩证唯物主义观点介绍物理学的某段历史，可以使学生潜移默化地领会并接受辩证唯物主义。

科学的灵魂是求真，使我们获得对自然事物的了解，但不能为我们判断善、恶，鉴别美、丑。断了臂的维纳斯不必为真，却是最美的艺术。人类精神境界的全部内容就是求得真、善、美的和谐。爱因斯坦、奥本海默、萨哈罗夫，这几位被称为"核武器之父"的顶尖科学家事后无一不对自己进行过忏悔和自责。二战结束后，爱因斯坦非常后悔自己曾写信给罗斯福建议美国研制原子武器，并且全身心地投入废除所有核武器的运动中，萨哈罗夫更成为反核运动

的前行者。

科学家求真、求善、求美的精神，正是科学最根本的价值，人的精神价值的体现。科学家的故事必将激发学生去感悟做人的道理，提高自身素质，去追求成功的人生。

9. 心理教育渗透与学生科学素质

物理新课程标准注意在物理知识学习、技能训练的同时，强调过程与方法的学习，注重科学情感态度与价值观的培养，从而提高全体学生的科学素质。个性心理健康是"科学素质"的一个重要组成部分。

心理素质教育，即培养人良好的心理品质教育，包括培养认知、兴趣、情感、意志、技能等方面的品质。心理品质直接控制着人体自然力的发动，调节着活动能量的释放。健康的心理状态是有效学习的基础，能促进人的智力稳定发展。

因此，物理课堂教学中应注重渗透心理教育，培养学生良好的学习心理品质。这样可以充分调动学生学习的积极因素，发挥学生的主体作用，进一步把学习物理的主动和兴趣还给学生，使学生以最佳的心理状态进行物理学习，真正成为学习物理的主人，从而培养学生健康的个性心理品质和终身学习兴趣、科学探究能力、创新精神，促进学生全面发展。那么在物理教学中应如何渗透心理教育呢？

挖掘心理因素，激活心理体验

物理新教材在编排结构、内容选择等方面都较好地考虑了学生学习物理的心理因素，具体表现在：

（1）新教材的编排

新教材打破以前按力学、光学、热学、电磁学等知识板块进行编排，而是从学生最容易认识的简单现象入手，由现象到本质、由浅入深、由易到难来进行编排。且教材中配有大量插图，图文并茂，便于学生感观，所有这些都符合学生认知的心理。

（2）教育内容的来源

物理内容选择的是来自于自然、生活、社会中学生较感兴趣的物理知识。物理知识的实用性表现在联系生产生活实际多。如杠杆中的汽水扳子、起重机的吊臂等等，都是日常生活和生产中常用的物理知识，都是从学生经常看到或体验到的大量生活经验出发而引出的知识。物理知识本身存在着趣味性，如雨后彩虹、幻日的形成等都能给学生以美妙与和谐、丰富的直观体验和揭穿物理谜底后的乐趣。心理研究表明，初中学生对物理概念的应用性和具体性较敏感，实际物理现象是学生认识物理形象生动的感性材料，让学生感到物理学与科学技术社会密切相关，进一步明确物理教学的社会价值，从而产生学习物理知识的责任心，深入强化学习动机。

（3）以实验为基础

教学实践证明，物理实验所提供的感应材料要比生产生活中的物理现象更加具体形象，展现在学生面前的是直观生动的物理事实，学生学习物理的感受比较深刻，学生对实验的好奇心这一心理特点表现较为强烈，希望看到不寻常的物理现象。新教材中所设计的学生实验活动，演示实验、小制作等都有利于激发学生学习物理的求知欲。

（4）科学家的故事

物理教材中有大量的物理学史、中外科学家的有关故事，通过介绍典型故事，结合学生爱听故事的心理，来感化学生的心理品质。

如法拉第经过十年不懈的努力，终于发现了电磁感应现象，导致了发电机的发明。科学家对科学真理的这种执著追求、不畏艰难、刻苦钻研的坚强意志品质深深地激励学生奋发学习，勇克挫折的自信心。

通过上述分析，我们应充分认识到物理教材不仅是知识的载体，同时其中又蕴含着丰富的心育因素。教者必须善于将抽象内容具体化，枯燥材料生动化，以适应学生心理特点加深对知识的理解。教学活动离不开学生的心理活动，教材的应用实质上就是一种心智活动。只有把握教材的心育因素，才能在教学中做到有机适时地渗透，唤起学生的内心体验。

创设物理情境，疏导心理障碍

分析物理教材教育因素的同时，也必须对学生学习物理常见的心理障碍进行研究：依赖心理，传统的应试教育采取的是注入式教学法，学生失去学习的主动权，养成学的惰性，形成强烈依赖老师讲解的心理，自卑心理；随着物理知识内容的增多，难度增大，部分学生在物理学习中成功的机会很少，逐渐损伤自尊心，心理就产生了自卑感；厌学心理，由于部分学生只注重物理考试成绩，当他们经过努力物理成绩仍然不及格，老师的批评、家长的指责，便使他们对物理失去了信心，若再得不到老师的耐心帮助，随着学习物理的深入，逐渐产生厌学情绪。

出现上述心理障碍后，学生就很难投入到物理学习中去。教师要正确理解学生的个性心理需要，以"假如我是学生"的心理去感受体验学生实际，正确分析学生心理，积极引导，热情帮助。在物理教学中应根据学生求趣、求新、求动等心理特点，积极创造新异有趣的物理教学情境，以激发学生的愉快心理，从而疏通学生心理障碍，使学生乐于接受物理知识。

（1）问题情境

教师在进行物理教学中使学生产生悬念及要求释疑的心理，从而转化为强烈的学习愿望。如在浮力教学中，为了让学生理解物体的浮沉由哪些因素决定，可设计出问题："为什么木块浮在水面上而铁块在水中下沉？"学生经常回答铁块比木块重。进而再设问："为什么用钢铁制成的铁船浮在水面上，而小小的绣花针却下沉到水底？"学生对上述的结论就产生了疑问，彼此间相互讨论，产生了强烈的探究心理。教者在设计问题时应针对不同的学生提出不同的问题，难度要适中，考虑到学生能回答出来，设问要问得准而能思，不可挫伤学生积极性。

（2）实验情境

物理实验以其形象、有趣、看得见、摸得着等特点对学生有很强的吸引力，富有浓厚的神秘感，能激发学生操作兴趣的形成，维持和强化学习需要。因此，物理教学中要精心设计、组织实验内容，积极引导学生自己动手进行实验操作，观察现象，思考归纳，粗知结论，激起学生认识物理现象、本质的内在需要。如在演示大气压存在实验中，教者课前准备好器材，课堂上让学生阅读教材，再让他们亲自动手做"纸片会托住一杯水"的实验，通过这一生动的事实，学生兴趣高涨，课堂气氛非常活跃。最后再启发学生分析实验过程，让学生认识到大气压确实存在。

物理教学中通过情境设计创造出生动活泼的探索物理现象奥秘的气氛，培养学生学习物理的直觉兴趣和操作兴趣，让学生用自己的手、眼、口、耳、脑去揭示和领悟出物理知识的内涵，自觉主动接受新知识，从而为获得新知识感到心理上的满足，养成积极思考、勇于实验的学习品质。

建立师生情感，内化心理素质

物理课堂教学是师生双边活动的过程，是人与人之间心理的情感交流。因此，物理教学中必须热爱自己的学生，关心学生的学习和成长。当学生在物理学习中遇到困难挫折时，教师要耐心帮助其分析原因找出症结，促其尽快进步；对待后进生不要过多指责批评，以免伤害自尊心，要有意识地接近他们，多给鼓励、表扬，消除师生间的隔阂心理，形成一种和谐轻松、愉快的人际关系，取得学生的信任，让学生不健康的心理在感情上得到及时自制、自控，从而达到"以情动情"的目的，这样就能较好地调动学生学习物理的积极性，学生内心总感到决不能辜负物理老师的期望，树立一定要学好物理的信心。

优秀的物理教师在物理教学中总是充满饱满的教学激情，表现出亲切和蔼的面容，期待的目光，加以适当的手势动作，一个肯定的点头等等往往会引起学生的情感共鸣，这些一经化为学生的情感体验，学生就会产生相应的心理来对待老师，产生积极的心理倾向而愉快地接受老师所授的教学内容。物理老师的语言深沉有力、简洁意深，讲究物理术语的严密性。如"导体中的电流强度"、"导体两端的电压"等等，形成一种特有的语言教学魅力，使学生心理上感到接受物理知识入情入理，坚信不疑。所有这些都体现了"教态表情"、"语感传情"，从而实现"动之以情"。教师的教态、语感等成为学生回忆所学知识的线索，使学生能够长时间理解记忆。

学生具有善模仿、可塑性大的特点，教师在物理教学中应有意识地提高自身的心理素质，以良好的个性心理品质来影响学生，让学生默默地按照老师的人格模式塑造自己的个性。通过教者认真严谨的教学态度，按规则操作，如实记录的行动，深深影响学生的实验态度，培养了学生尊重事实、严肃认真、按科学规律办事的品质。实践告诉我们，课堂教学中只有注重情知教学，才能启动学生的心理功能。

启发自我成功开发心理潜能

心理学认为，成功体验是指学生在学习中取得成功后产生的自我满足、积极愉快、自豪的心理感受，它能增强学生学习的信心，产生一种好了还要求更好的自我激励、自我要求的心理，成为促使学生学习成功的内部诱因。因此，物理课堂教学中，教师要结合教材和学生实际，积极给每个学生创造更多的成功机会，使他们都能体会到学习成功的感觉，增强学生学习物理的情趣。

（1）提倡因材施教

教者注意设置教学内容的层次和梯度，对学有余力的学生适当拓展知识，对差生只需掌握基本知识。精心设计作业，可分为 A、B、C 三级作业，优等生、中等生、后进生按级选择。试卷题目以基本知识为主，附加题目供选择，要让学生从考试成绩中看到希望，有所收获和提高，燃起学习物理的星星之火。

（2）鼓励"跳起摘桃"

学生在物理学习中遇到问题时，不宜直接予以解答，尽可能启发学生自己提取头脑中已有的知识来解答，给学习的大脑提供一些自动加工处理问题的机会，使大脑得到锻炼。久而久之，大脑的这种自动化功能得以开发，并通过学习，推动和加速智力的发展。学生通过启发后去努力克服困难解决疑难问题，解题后获得成功的心理体验最能激励人、鼓舞人。这种潜能的挖掘有助于学习成果的巩固和发展，甚至无意地引发灵感顿悟。

（3）开展"表现教育"

好表现求刺激是学生的天性，在物理教学中加以正确引导，给学生提供表现的舞台，使学生在表现中增强自尊心、自豪感，优化个性心理品质，从而形成"表现—成功——快乐"的心理三步曲。如学过惯性知识后，让学生运用惯性知识来分析判断熟蛋与生蛋，请学生登台表演。最终由教者做出中肯的评价，表扬学生积极思维、勇于探索的精神，使学生自我成功的内在体验得到进一步强化。

总之，在物理教学中渗透心理教育，应根据学生学习物理的心理特点，充分挖掘心育因素，注重对学生心理障碍的研究，认真钻研物理新课程标准，有效地培养学生学习物理的心理品质，开发学生学习物理的心理潜能，从而促进学生科学素质的提高。

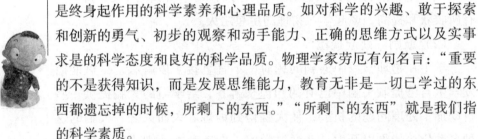

10. 物理教学中的科学素质教育

所谓科学素质，是指一个人从小养成、不断发展、最基本但又是终身起作用的科学素养和心理品质。如对科学的兴趣、敢于探索和创新的勇气、初步的观察和动手能力、正确的思维方式以及实事求是的科学态度和良好的科学品质。物理学家劳厄有句名言："重要的不是获得知识，而是发展思维能力，教育无非是一切已学过的东西都遗忘掉的时候，所剩下的东西。""所剩下的东西"就是我们指的科学素质。

科学素质是一个包括智力因素和非智力因素的系统，这个系统由知识、智力和非智力因素三个方面所组成，主要包括科学方法、科学精神、科学态度、科学知识、科学品质等。物理学的知识是发展学生科学素质的基础，对科学知识的教育历来高度重视。结合新课改教材的特点和初中学生的实际，在初中物理教学实践中对学生进行除科学知识外的科学素质教育，浅谈一些自己的探索与体会。

物理教学中科学方法的教育

科学方法是人类认识世界改造世界的强大武器，所以掌握知识，固然重要，但掌握方法比掌握知识更重要，因为掌握了方法，就可以从旧知识中产生出新知识，而在物理教学中学习和应用科学方法对于学生的知识学习、能力培养更有不可低估的作用。

学习物理主要通过实验探究，观察现象，取得数据和资料，发掘问题，在此基础上进行分析论证，概括得出结论和上升为理论，最后应用知识来说明，解决一些简单实际问题。所以教学过程中应尽可能地按照"提出问题"、"猜想与假设"、"制定计划与设计实验"、"进行实验与收集证据"、"分析与论证"、"评估"、"交流与合作"的程序教学，在各程序中，注重教给学生观察、实验探究的方法，分析、概括的方法和应用物理知识解决实际问题的思路和方法。

物理的现象、概念和规律中也蕴含着极其丰富的科学研究方法，教师要善于挖掘教材的这种潜在因素，对学生进行科学方法的教育和训练。例如：在研究平面镜成像中，用两根完全相同的蜡烛，其中一根等效另一根的像等的等效法；研究电流与电压、电阻之间的关系等的控制变量法；研究惯性定理等的实验推理法；分子运动看不见，摸不着，通过扩散现象认识它，磁场看不见，摸不着，用磁针转动来确定它等的转换法；通过杠杆示意图的画法，使学生掌握简化抽象的方法，忽略杠杆的次要部分和形状，用直线表示整个杠杆等的理想模型法；水流比作电流，水压比作电压等的类比法。

物理教学中科学精神的培养

科学精神的核心是创新精神，创新精神和创新能力的培养是素质教育的重点。江泽民同志曾说："创新是一个民族进步的灵魂，是一个国家兴旺发达的不竭动力。"就社会发展的需要来说，人的素质的重要内涵之一是创新，而创新，首先是创新精神，要想学生对某学科或某些课题有创新精神，首先他要对这一学科或课题有兴趣。所以激发学习兴趣，是培养创新精神的第一步。

所以在教学过程中，教师必须做到以学生为本，处处为学生着想，不断激发学生的学习兴趣，让学生热情高涨地自己举手、动脑、动口，以达到学习知识，巩固知识，拓展知识的目的，这样学生才能不断独立，不断自主学习新知识。也只有让学生积极参与，亲自经历与体验，才能不断提高课堂效率。只要教师充分相信学生、尊重学生，以充分调动学生学习的积极性为前提，以教给学生学习方法为重点，以促进学生智能提高为核心，把学生作为课堂的主人、学习的主人，让学生有足够的时间操作、观察、思考、质疑、讨论、交流、评价等，就能使学生逐步形成具有较强的自主学习素质，从而更加主动的学习，主动的发展。

课堂教学也要注意启发学生思考，多参加讨论发言，鼓励学生提问题，提出不同的看法和不同的解决问题的方法。对于离题较远的问题，可放在课外解决。组织学生积极参加课堂活动，营造民主热烈的课堂氛围，容易将学生注意力集中到课题上来，对加深理解，培养能力有很大作用。对多发言、爱提问题的同学，要给予表扬，鼓励更多的同学参加进来。教师不要怕学生提难题，再高明的教师也难免遇到一时解决不了的问题，可向学生说明，待自己研究明了再解答，只要自己认真对待，学生会理解支持的。

物理教学中科学态度的培养

培养学生的科学态度是初中物理教学中进行科学素质教育的重要内容。在教学中培养学生的科学态度可以采用以下几种方式：

首先，通过介绍科学家的故事感染和教育学生，让学生懂得物理学中的自然规律是科学家在长期研究中认识的，有许多是几代人锲而不舍的艰苦探索才发现的，从而培养学生端正的科学态度。

其次，引导学生阅读有关的科学资料，教学生明白科学结论的获得是需要付出艰辛的劳动，从而培养学生奉献的科学态度，如：在讲解声音的现象时，可让学生阅读"不是老天爷显灵，是建筑师的杰作"，使学生相信科学，热爱科学。

再次，通过实验培养学生严谨的科学态度，求实的精神，演示实验时教师操作规范，给学生树立榜样，学生实验探究时，必须从本组的实验操作得出的结果和数据来填写实验报告，来总结、验证。

绝不容许在实验误差太大时，不是设法找出问题，改进实验以减少误差，而是重改数据，使之与定律相符合，或者抄袭别组实验数据。因为这些做法完全违反认识的规律，没有从自己的实践中找出规律性。所以教师在批改学生的分组实验报告时，要逐份细阅过，发现涂改或抄袭别组数据时，一一给予严肃批评，并利用课外时间重做，这样利于养成严谨的科学态度。

物理教学中学生良好心理素质的培养

学生学习物理总会遇到大大小小的挫折，受挫学生往往会出现自卑、恐惧、厌恶、逆反等心理，遇到问题时，首先要缓解他们心理的压力，及时找他们谈心，给予关心和安慰，避免消极的心理进一步发展。其次给他们树立信心，提高学习物理的兴趣，在平时教学中，多介绍一些有成就的科学家百折不挠、锲而不舍的故事，增强勇气，积极挖掘学生中刻苦顽强学习，而进步显著的先进事例为榜样，激励他们奋发图强、不怕困难的决心。再次要通过各种实践的锻炼来提高学生的心理承受力。

要有意识地创设适度的挫折情境，给学生独立活动，依靠自己克服困难的机会。如出些具有一定难度，经过努力才能解答的题目，如选择一些合适的探究实验，使学生在挫折成功的转折中，看到自己的潜在力量，从而增强学生学好物理的信心和勇气。

科学素质教育贯穿于教学过程的始终，不可能一蹴而就，更不能急于求成，但只要坚持做到在物理教学中，以人为本，从班级学生的实际出发，透彻领会新课标精神与理念，深入钻研教材，千方百计挖掘课本中的科学素质的素材，持之以恒，逐步渗透，就一定能不断提高学生的科学素质，就一定能为中华民族的伟大复兴不断地作出自己应有的贡献。

11. 化学教学中的科学素质教育

中小学要"面向全体学生，全面提高学生的思想品德、文化水平、劳动技能和身体心理素质"。这就为素质教育的基本理论探讨指明了方向。科学文化素质作为人的整体素质教育的一个方面包括哪些构成要素，人们进行过探究。

科学素质内涵比科学文化素质的内涵窄，科学素质主要由科学知识、科学能力、科学方法、科学意识和科学品质五大要素构成。在对学生进行科学素质教育的过程中，科学知识是发展学生科学素质的基础，科学教育的过程，能逐渐培养、发展学生的科学能力，使学生掌握科学方法，培养良好的科学品质，同时促使学生逐步形成科学意识。

让学生牢固地掌握化学学科的基本知识

科学知识在构成科学素质五要素中起着基础作用，它是人类世世代代积累和传递下来的宝贵遗产，它是今后学生从事科学工作和其他工作的基础。因此，在中学阶段通过化学课程的教与学的活动，要让学生牢固地掌握化学的基本知识。

化学知识是发展学生科学素质的基础，但化学知识总量大，应该选择那些对学生认识世界、面向社会以及自身发展来说必不可少的、最基本的、最典型的关键性知识让学生学习。这些知识主要有：最基本的化学现象和事实、最普遍的化学常识及科学史知识，化学计量系统，化学用语，命名法，最重要的化学概念和最根本的化学原理，包括溶液理论、气体定律、物质结构、元素周期律、化学反应热力学、化学反应动力学。典型金属、典型非金属、过渡元素、稀有气体以及有关的化合物知识。无机化学、有机化学、核化学、生物化学、环境化学、地球化学、化学分析、化学合成。化学与社会、化学科学新进展、化学的未来发展方向。包括化学在日常生活与生产中的重大应用以及与当前社会发展与生活密切关联的问题。

培养、发展学生的科学能力

在化学教学过程中，科学素质教育的第二个方面应该强调培养、发展学生的科学能力。科学能力应是科学素质教育的核心。因为，从社会的生存和进步来看，这种能力的重要性远远超过对具体科学概念的掌握，不论这些概念有多么重要。科学能力应是获取科学知识和探索科学新知识的能力，自然科学方法论是培养学生科学能力的依据，科学能力的形成过程是在科学知识的教与学的过程中形成的，教师采用各种不同的教学方式和手段组织学生学习各种科学知识，训练学生的科学能力。

科学能力是一个属于能力范畴的概念，其包括的内容比较广泛，如观察、思维、想象、实际操作和创造能力等，但在中学化学教学中应着重注意以下五个方面的能力培养。

（1）实验能力

观察与实验能力是科学能力的基本要素，是一种全面的综合能力，包含相当高的独立探索能力和创造性。在实际教学过程中，可把培养学生的实验能力具体化为以下几个方面：按一定的认知目的安排观察或实验的活动；让学生独立地完成观察与实验；使学生学会如何记录、分析、观察和实验所得的资料及数据，导出正确合理的结论并进行报告。

（2）思维能力

思维是智力的核心。思维能力包含的范围很广，化学学科知识的特点非常有利于培养学生分析、综合、抽象概括的能力，也非常有利于培养他们对事物进行对比、类比、逻辑推理的能力。在化学教学过程中，应注意利用有关化学知识的特点，进行相关的思维能力的培养。例如，进行碱金属族元素教学时，利用该族元素具有相同核外电子数的特点，在已知钠元素的性质后，可以演绎推理出其他元素的性质，培养学生演绎思维能力。同时，利用它们具有不同的电子层数，又可以进行各元素性质的对比，找出它们性质的异同点，培养学生的对比能力和分析能力等。

（3）自学能力

自学能力是一种较高要求的科学能力，是建立在观察、理解、思维、记忆等能力基础上的一种比较综合的独立学习的能力，它是多方面能力的综合。使学生具有自学能力，能独立地获得和探求新知识，这是教育的最终目标之一。在化学教学中培养学生自学能力，可以具体化为以下两个方面：重视学生阅读能力的培养，教给学生掌握科学的阅读方法，着重对学生进行学习方法训练。

（4）理解能力

理解能力能反映学生科学能力好坏的一个重要方面是学生学习、消化知识，不断扩大知识范围和增大知识深度，以及提高自学能力所必不可少的能力。在中学化学的教学实际中，培养学生的理解能力，应帮助学生和要求学生在学习化学知识时能做到：掌握所学化学概念和规律产生的背景或实验条件和现象；掌握所学化学概念和规律的确切含义，会分析物质发生变化时的原因；掌握所学的化学知识和其他化学知识的联系、区别；掌握所学的化学概念和规律的成立条件和应用范围，且会依据对基本概念和规律的解释做出正确的推断。

（5）创造能力

培养学生创造力也是教育的主要目标之一，未来社会需要更多的创造型人才。人人都具有创造能力，只是程度高低不同而已，创造能力能通过教育和训练予以提高。创造性的思维能力是创造能力的核心，在化学教学中，培养创造性思维能力应注意以下几个方面：在教学实践中，应该有意识地使用创造教育的教学模式，组织学生进行学习活动，从而培养创造性的思维能力。

注意创造性思维的发散性特点，培养学生善于对已知事物进行怀疑和再思考，能够打破习惯性思路，提出几种另外的解决问题的办法，注意联想能力的培养。由于化学学科知识的特点，有利于培养学生类似联想、对比联想、因果联想等能力；注意利用课外活动培养学生的创造能力，在丰富多彩的兴趣小组活动中，让他们有机会充分施展才能和创造性。

教给学生科学方法

科学方法是人们在科学研究中所遵循的途径和所运用的各种方式及手段的总称。掌握科学方法无论从学习知识的角度或者从发展能力的角度来看都是非常重要的。在中学阶段，要求学生掌握科学方法是有一定难度，但教给学生普通的自然科学方法是很有必要的。在化学教学过程中，通过采用下列程序来训练学生的科学方法：

搜集有关资料、文献和数据；观察，实验，条件控制，测定，记录；分析、研究和处理有关资料、文献和数据，资料和数据的处理，分类；得出规律性结论，科学抽象，发现规律，模型化，提出假设，验证假说。

促使学生逐渐形成科学意识

科学意识包括两重意义，一是辩证唯物主义的世界观，自然科学观。二是在日常生活中，遇到实际问题，要有科学意识的进行对待、处理或解决。

辩证唯物主义的内涵丰富，在化学教学过程中，不要求学生系统掌握辩证唯物主义的原理，但学生在学习化学知识时，可以促使学生形成很多唯物主义的观点，这是化学科学作为一门自然科学具有的特点。例如，可以促使学生逐渐树立起物质第一的观点，树立起尊重事实的观点，树立相信科学、反对迷信的观点，树立为科学而不断探索、不断奋斗的观点等。

促使学生形成化学科学意识，这也是化学素质教学的一个应重点加强的方面。我们的教育最起码应做到：一个受过中学化学教育的学生，在日常生活中，遇到化学问题时，不要求他们能说出问题的原因，但应具有知道这是化学现象的化学科学意识。就好比说，一个公民走在大街上，看到汽车后面排出尾气，他应该意识到这些气体会污染空气。

要促进学生形成化学科学意识，最主要的手段应该是让学生参与实践，理论联系实际。可以采取活动课的形式，让学生亲身经历周围环境中存在的化学问题，让学生形成化学能给人类带来利益的观点。同时也应告诉学生，如果不合理地利用科技成果也会给人类的生存环境及社会生活带来消极影响。

培养良好的科学品质

科学品质是一种非智力因素，它主要包括兴趣、情感、意志、作风、态度等方面。因为这些品质具有强化学习过程的驱动力的作用，又对学生学习科学具有控制调节的反作用。所以，我们把这些品质称为科学品质。

良好的科学品质能使人们乐于参与科学的学习与实践活动并从中得到乐趣和满足，能使人们有坚强的意志，表现出高度的自觉性、顽强性和自制性，能坚持实事求是的作风，谦虚谨慎、勤奋努力。在学习化学教学中，通过多种生动活泼、丰富多彩的科技活动，逐渐培养学生的良好品质，对发展学生科学素质有重要意义。

12. 生物教学中的科学素质教育

科学素质有高低两个层面的表现形式：比较大众的是指能够合理地将所学的科学知识运用到社会及个人生活中；较高层面的就是有科学的世界观和科学态度，并能敏锐洞悉科学发展方向，做出有依据的预言加以研究，站在科学的前沿。能具有最高科学素质的人就是"科学家"了，而产生"科学家"的"土壤"就是大批的有科学素养的群体。当然，要成为科学家还要有其他一些必备的能力素质，这里不作重点论述。而其中重要的基本信念和态度。

科学素养，却是现代人基本素质中不可缺少的重要组成部分。作为一名普通的生物学教学工作者，可以利用生物学自身的优势资源作为培养学生科学素质的材料和平台。多年来我一直在这方面实践探索着，试图找到适合自身的有力于培养学生科学素质的方法和途径。

科学素质的形成是需要通过学习才能产生的。但不是所有的学习方式都能有利于科学素质的积淀。选择有利于科学素质形成的学习方式，就是现代教育的发展趋势和改革方向。尤其在基础教育中，怎样发挥学生的主观积极性，让学生的好奇心变成自觉的科学好奇和科学探究方法，变成主动的学习以及发现问题解决问题的欲望；这样一个循序渐进的过程，就是我们要培养和教给学生的一种学习方式。

合理利用学生的好奇心，培养科学的求知欲

在生物教学活动过程中，绝大部分学生从一开始就有强烈的好奇心和兴趣。但是，课堂教学不能完全满足学生的这种求知欲望，或者说不能较顺利的将好奇保持下去，更不用说能帮助学生主动学习、探求生物科学的研究方法和研究规律。科学是在不停的变化发展的，掌握书本知识重要，但学习探究知识的规律和发展方向，利用已知的学识去发现问题解决问题，习惯用科学的思维方式更重要。课堂中利用媒体和网络资源，将《动物世界》、《走近科学》、《探索发现》、《绿色空间》、《DISCOVERY》等节目引入到课堂教学中，增强学生对科学技术的兴趣和爱好。

利用生物实验课使学生具备初步的操作能力

操作是一种技能，操作强调动手，行为心理学告诉我们，一种技能需要足够的刺激—反应才能形成，要让学生多动手，从操作的角度培养学生的科学技能。

例如在实验中，让学生到市场去采集实验材料并进行初加工，再回到实验室按实验步骤操作；当通过艰辛和严谨的科学实验操作后，学生看到了预期的实验结果。对科学探究的基本方法、程序有了具体认识，掌握了一定的实验操作技能。

开展内容、形式丰富多彩的生物科技活动

实践能力主要指学生能够对所收集的有关生物科学的信息进行分析、整理，得出合理结论；能够用文字、图表、生物学术语进行表达，并自觉与他人交流、合作，共享资源，共同发展；具有自主学习能力，通过多种途径，获取生物学鲜活的事实、数据和基础理论知识；具有科学观察和科学实验的一般方法及操作技术，能够按照实验的目的要求，科学地进行观察、操作、记录、分析、报告实验现象和实验结果，学会结合社会生活实际设计和完成简单生物学实验；具有科学探究的一般方法，能够从自然环境、社会生产和生活中提出问题、做出假设、进行论证，分析和解决问题；具有综合

应用知识分析问题和解决问题的能力等。开展生物科技活动是培养实践能力的最佳途径，生物课外活动是利用学生的课余时间开展的生物课堂教学以外的有关植物、动物、微生物、生理、生态、环境保护等方面的科技活动。其形式包括观察、饲养、科学小实验、科技小制作、生态调查等，在教师指导下经综合分析上升为调查报告、科技小论文的创作活动。

以观察、调查活动、文献研究、实验、技术设计为主要类型的生物探究活动的实施能有效发展学生的思维能力，为提高学生的实践能力提供了很好的实践途径，有利于创新精神的培养，对我们探索培养学生实践能力提高科学素质起到了促进作用。

创新精神是创新意识、创造性个性品质、创造性人格的整合。创新意识是指勤于思考，有创新的欲望和动机。创造性个性与一般的个性不同。一般的个性指的是一个人的心理特征或行为方式的综合。而创造性个性是指与一个人的创造性活动关系最密切，或相关性最高的个性因素，包括好奇心、想象力、挑战性、冒险性。创造性个性品质是进行创新的基础，是创新活动成功的关键。创造性人格是指善于发现问题，追求新异，悦纳新知，勇于战胜困难的自主独立的人格意识。实践能力主要包括与时俱进的获取信息能力，敏锐的观察能力和动手操作技能，运用网络能力，对创新成果的表达、物化能力。创新精神是创新实践的"动力件"，实践能力是创新精神的"运作件"。在具体科学探究活动我们总结出以下操作模式，旨在寻求促进未成年人科学素质提高的新途径。

总之，科学教育资源无处不在。多年来的教学实践中，通过改变课堂教学模式及组织和指导学生开展各种生物科技活动，积极整合了课内外生物科学资源。转变了教育思想，改变了以往以传授更多知识为目标的教学旧观念，建立了以培养学生创新精神和实践能力为最终目标的现代教育观；提高了生物学教学质量。逐步形成了以学生为主体，以主动参与和自主探究为基本学习方式的新型教学模式。

让学生通过实践、感知、概括、应用的思维过程去发现真理，把科学思想和科学方法渗透的到活动之中，使学生在活动过程中，学会并运用科学的方法解决问题，将有助于未成年人科学素养的培养和提高。

13. 生物课外活动中的科学素质教育

人的素质包括思想道德素质、文化科学素质、身体心理素质、劳动技能素质等方面，而科学素质是文化科学素质的重要组成部分，其包括科学观点、科学态度、科学思维、科学方法、科学精神等。对学生进行科学素质教育是素质教育的基本要求之一，科学素质也是人们认识事物、进行社会实践活动应具备的素质。生物学作为一门基础自然科学，又是二十一世纪的领先科学，在培养学生的科学素质方面，具有十分重要的地位。因此，生物教学中既要教给学生生物知识和技能，又要重视培养学生的科学素质。

利用实践活动和实地考察

生物学是一门自然科学，其中渗透了大量的辩证唯物主义思想及其科学的世界观和方法论，例如：关于生物起源和生物进化的研究，就科学地阐明了物质第一性和事物发展变化的基本原理，从根本上否定了神创论和孤立静止的唯心主义思想；生物与环境、同化与异化、遗传与变异等关系，又深刻地揭示了矛盾的普遍性与特殊性、同一性与斗争性、相互联系、对立统一等哲学原理；少年儿童生长发育的基本规律、细胞的生长和分裂、种子的萌发、物种的形成与进化等规律，体现了事物发展的连续性与阶段性、前进性与曲折性、量变与质变、内因与外因等辩证关系；动植物的形态解剖和分类方面的知识，包含了共性与个性、主要与次要、稳定与发展等关系问题。这些科学思想和观点，对于学生认识世界、进行社会实践活动，具有十分重要的意义。

教师要善于挖掘素材，指导学生用辩证唯物主义的世界观和方法论去分析问题、解决问题，学会用科学的观点和方法来观察事物、思考问题，从平凡中见真理。可利用实践活动和野外实地考察等形式加以正面引导，使学生掌握这些科学思想和观点，把这些科学思想和观点渗透到具体的活动内容中去。如：在组织学生野外植物考察过程中，引导学生对叶序的认真观察，可发现叶在茎干上的排列，无论是互生、对生还是轮生，它们自上而下都互不遮挡，形成镶嵌式的排列，这样可以使每一张叶子都接受足够的阳光，这种天然形成的叶镶嵌的合理性充分体现了自然界中真善美的和谐统一，使学生得到科学审美观的教育；组织学生到池塘观察青蛙的发育过程时，引导学生形成生物进化发展的观点。

总之，教师在组织学生观察、活动过程中要善于适时的引导，把相关的哲学理论运用到具体的生物学知识中，并用自己的情趣去感化陶冶学生，使他们从中受到教育和启示，逐渐形成科学的观点。

课外实验培养科学态度

生物学的研究范围很广，与人类的关系也非常密切。在生物课外实验中，要善于联系社会生产、生活实际，对学生进行各方面的心理品质教育，特别是要培养学生积极的科学态度，激发学生热爱科学、追求真理、刻苦钻研、勇于探索的精神。教师要以身作则，对工作尽职尽责，严谨治学。

　　培养学生严谨的科学态度，一丝不苟的科学作风，要经常鼓励学生勇于面对困难。如：组织学生在课余时间在校内、外搞无土栽培试验，嫁接试验，培养草履虫，采集和饲养水螅和蚯蚓，盆景栽培，收集锯木厂的木屑进行代料栽培香菇等试验。在教师指导下有目的、有计划、有组织地开展，让学生独立思考，主动探究，亲身实践，动手操作。学生在这里将理论知识与生产实际、生活实践进行有机结合，充分认识到实验、观察和科学的思维是相辅相成的，从中使得学生懂得成功是要通过无数次的失败才能获得的，有严谨求实的科学态度、百折不挠的科学精神才能最终尝到成功的喜悦。

培养学生的科学思维

　　在生物活动课中开展丰富有趣的讨论会、辩论会，既可活跃学生的思维，又可调动学生对生物学的兴趣和激发学生对生物科学探索的热情。如组织学生对学校附近环境进行实地考察后，就环保问题开个讨论会并进行分析评价，提出环保建议；还可针对一些热点问题开个小型辩论会，如现在农村正搞"三高"农业，大力发动农民开山种果，就这一实例开个以"开山种果利大于弊还是弊大于利"为主题的辩论会；另外还定期开展"生物知识知多少"的知识竞赛。这样，学生的科学思维便可得到有效的训练。

培养学生的科学方法

　　生物的认识活动方式与其他学科相比，既有相同点，又有不同点。首先，生物是一门以实验为基础的自然科学，生命现象及其规律必须通过实验观察加以证实，因此，实验观察是生物学认识活动的主要方式；其次，生物学是一门形象、具体的科学，具有较强的直观性、形象性和描述性，它不需要很多的推导、演算，也没有多少抽象的数字、符号和公式，而需要更多的观察、实验、论证和表述，因此，在学习生物时，要求学生具有较强的观察能力、形象思维能力和丰富的想象力；此外，从思维过程来看，学习生物，需要运用分类、比较、联系、归纳、系统化、具体化等科学方法，对学习材料进行加工。这些科学方法对学生将来从事社会实践活动都是非常重要的。在生物课外活动中，要针对不同的内容采取不同的思维加工方式，要特别注意引导学生的思路，指导学生认识活动的方法，使学生在掌握知识的同时，学会分析问题、解决问题的方法。引导学生通过自己深入调查研究、实践总结，写出小论文或调查报告，可以使学生逐渐掌握一些生物的科学研究方法。

利用课外活动开设选修课和举办专题讲座，向学生介绍生物学的新技术与新成就、基因工程与人类的未来、环境与人类的未来、种养技术、仿生学的成就等，观看科技成果展览、参观访问等，可以使学生获得大量课堂上难于接触的科技知识信息。然后是创造条件让学生所学知识能在课外活动中得以应用。如：带学生对校园植物或附近树林、草地、沼泽、池塘、农田进行实地调查考察后，写出调查报告。另可依学生的水平，布置一些课题或让学生自己选题，撰写小论文。

如："为什么有的黄瓜吃起来很苦""本地药用植物的调查""本地药用昆虫调查"等。使学生在轻松愉快的氛围中增长知识，掌握一些生物科学的研究方法。让学生明确："在研究实验和观察时，要力求不停留在事实的表面，切勿变成事实的保管人，要洞悉事实的底蕴，要坚持不懈地寻求那些支配事实的规律。"这样既有利于掌握生物知识，又可使学生从中掌握一些生物的研究方法。

采用有效的评价机制

科学创新精神是科学素质中的核心内容。生物世界丰富多彩，奥妙无穷，生物教学不仅要教给学生书本知识，更要注重激发学生的探究意识，教给学生主动探索自然的方法，培养学生的创新能力，将来才能成为创造型、实用型人才。在课外活动中，各式各样、生动活泼的评价形式是推动生物课外活动课健康开展的重要措施，也是培养学生科学创新精神的有效途径。

如可通过组织各种小发明、小创造比赛活动，使学生深入大自然、深入社会生活，进行积极的探索和创新；又如搞自我报告、角色表演、办小报、成果展示、论文评比等；每学期评选出一些优秀的调查报告、小论文，向有关报刊推荐或参加上级部门举办的比赛，把学生的成果存档并表彰。这些有意义的评价机制使生物课外活动课的开展进入良性发展轨道，从而也激发的学生不屈不挠，不甘落后，进取创新的科学精神。

总之，科学素质教育于生物课外活动中，对教育教学改革的意义是十分深远的。

第二章

学生科学素质教育与升级的故事推荐

1. 张仲景的故事

张仲景（生卒年不详），汉末医学家。名机，南阳郡（今河南南阳）人。相传曾任长沙太守。当时伤寒流行，病死者很多。他钻研《内经》、《难经》、《胎肿药录》等，广泛收集有效方剂，著《伤寒杂病论》。其书辗转流散，经后人多次收集整理，成《伤寒论》、《金匮要略》两书，分论外感热病与内科杂病。倡"六经分证"和"辩证论治"原则，阐述寒热、虚实、表里、阴阳的辩证及汗、吐、下、温、清、和等治法，总结了汉以前的医疗经验，对中医学的发展有重大贡献。

张仲景自幼好学，博览群书，掌握了丰富的知识。当时的读书人都想着如何当官，不关心民间疾苦，张仲景很瞧不起这类读书人。当时迷信盛行，人们有了病不去求医而相信巫师作法可以治好病。张仲景从小立下志向，想当个医生，为乡亲们解除疾病。为此，他拜同郡名医张伯祖为师，学习治病救人的本事，几年后便在乡里为人治病。汉灵帝时，张仲景被选拔出来做官，一直做长沙太守。他为官清廉，为老百姓做了很多好事。

东汉末年，由于战乱频繁，瘟疫大面积流行，很多人得病去世。张仲景的家族，原有200多口人，不到十年时间，就病死了五六十人，其中十分之七的人是患伤寒这种流行病死的。那时候所说的伤寒病，包括霍乱、肺炎、痢疾、流行性感冒一类的急性传染病。当时，大多数医生对这种流行病还没有有效的治疗方法，所以成千上万的人们被伤寒病夺去了生命。

张仲景为了解救人们的疾苦，下决心要找出一套治疗伤寒病的办法来。他总结自己给人治病的经验，对伤寒病的各种症状都做了详细记录，还细心地询问病人伤寒病发病的原因和服药以后的各种变化。经过一段时间的努力，张仲景终于总结出了一套关于伤寒的诊断、治疗、用药的方法。他认为伤寒病从初起到病危，有一个逐渐发展的过程，在不同的阶段，对不同的病人，应当有不同的治疗方法。有的病人需要让他出汗，有的病人则不能出汗；有的病人应当让他下泻，有的病人则绝对不能下泻；有的病人可以用针灸，有的病人则千万灸不得。

张仲景说："如果不应当发汗的病人服了发汗药，那就会使病人的津液枯竭，断送性命；应该发汗的病人不让他服药把汗发出来，那就会使病人的毛孔闭塞，窒闷而死。不应当泻下的病人服了泻下药，会使病人开肠洞泄不止而死；应当泻下的病人不服泻下药，就会使病入腹胀烦乱，浮肿而死。不当灸的病人一灸，就会使病人火邪入腹，加重其烦恼而死；当灸的病人不灸，会使病人经脉阻塞，无法消散而死。"总之，给人治病必须弄清楚病人起病的原因，病症发展到了什么程度，曾经服过什么药，只有把这种种情况全都了解清楚了，才能对症下药，药到病除。

为了要弄清楚病人的全部情况，张仲景反对当时医生治病时墨守成规而又十分草率的做法。他说："人命关天，治病救人必须谨慎。"张仲景给人看病，很好地运用了早在春秋战国时期就已经发明了的望、闻、问、切四诊法。望是观察病人的气色，闻是细心听病人说话和呼吸的声音，同时询问病人的自我感觉和饮食大小便等情况，切是由轻到重地按病人两手的脉搏。张仲景认为只有很好地运用四诊法，并且把通过四诊得到的各种情况进行综合分析，才能得出病情已经发展到了什么程度的结论，从而才能制订出正确的治疗方案，开出对症下药的方剂。

张仲景通过长期的行医生涯，仔细研究，已经能够根据四诊法分辨病人的症状是阴症，还是阳症；病在浅表，还是已经深入脏腑；是虚症，还是实症；是寒症，还是热症。这阴阳、表里、虚实、寒热，被称为中医诊断学的八纲。四诊八纲辩证施治的理论原则是中医学的核心思想。张仲景对这个理论原则的奠定，做出了极其重大的贡献。

除了伤寒病以外，张仲景对其他疑难杂病也下了很大功夫去探求治疗方法。杂病的范围很广泛，大致上以内科病为主，也包括妇科、儿科和外科等疾病。张仲景治病不一定都给病人用内服药，也经常采用针灸、温熨、药摩、浸足、吹耳、喷鼻等等治疗方法。他认为对于一些疾病来说，这些治疗方法的效果也许会比内服药更好。

张仲景主张有病要及时治疗，无病要及早预防。他说，预防疾病的方法是饮食有节，劳逸适当。能做到这两条，基本上就能保持身体健康，远离疾病了。

张仲景一边行医一边总结自己的临床经验，记录下许多有效的方剂。他撰著了一部《伤寒杂病论》把医治伤寒病的方法告诉大家。后来，晋朝的名医王叔和，在仔细钻研了张仲景的《伤寒杂病论》以后，把这部重要的医书分开改编为《伤寒论》和《金匮要略》两部书。《伤寒论》专门分析伤寒病的病理，提出治疗方法，附有治疗的药方。《金匮要略》则是治疗各种杂病的药方汇集，这两部医书都是中医的经典著作，张仲景以他自己对医学的杰出贡献被后人尊称为"医圣"。

2．祖冲之的故事

祖冲之，我国南北朝时期著名的数学家、天文学家。他是世界上将圆周率精确到小数点后七位的第一人，这一研究发现比西方早了*1100*多年。

祖冲之字文远，原籍范阳逎县（今河北涞源县），后来为了躲避北方战乱，祖先迁居江南。他出生于一个士大夫家庭，父亲和祖父对天文、历法都很有研究。祖冲之受家庭的影响，从小就热爱科学。成人之后，祖冲之决定致力于圆周率的研究，计算出更加准确的圆周率。

圆是自然界中最常见的几何图形，许多物体都是圆形。可是怎样计算圆的周长和面积呢？古人很早就进行了研究和探索。古人发现圆的周长与直径的比是一个常数，称为圆周率。如果能准确地求出圆周率，再用直尺量出直径的长度，圆的周长和面积就容易求出来了。圆周率到底是多少呢？我国古代有一本算书叫《周髀算经》，这是我国最早的数学著作之一，书中提出了"径一周三"的概念，这个圆周率称为古率，这当然太粗略了。两汉末年的刘歆求出圆周率的值为*3.1547*。东汉张衡计算出的圆周率为*3.1622*。三国末年刘徽创造出包含有极限思想的"割圆术"，计算出了内接正*192*边形的周长和面积，得出圆周率为*3.14*。后来他又计算出圆内接*3072*边形的周长和面积，得出圆周率为*3.1416*（*3927/1250*）。

祖冲之认为前人的这些计算结果还是太粗略了，误差很大。但他并没有蔑视前人的研究成果，而是对他们的研究方法进行了认真的研究与思考。后来，他在前人研究成果的基础上，对计算圆周率的方法进行了革新，这种新的计算方法被命名为"缀术"。运用此方法，祖冲之比较精确地计算出了圆周率在*3.1415926*到*3.1415927*之间，并用*22/7*（疏率）和*355/113*（密率）这两个分数值来表示。这是当时世界上最先进的圆周率。西方直到*1573*年才由德国奥托较为精确地计算出圆周率，比祖冲之晚了*1100*多年。

祖冲之准确地计算出圆周率后七位数字以后，很快在实践中得到了运用。他自己曾用他的圆周率研究过度量衡的问题，并用之于鉴定古量器的计算。北周武帝保宝元年（公元561年）所制的玉斗就是以3.1415926为圆周率计算出来的。祖冲之将他的研究成果写成了《缀书》一书。隋唐时期，《缀书》一直是数学教育的基本内容之一。可惜后来因为战乱该书失传了，这是我国数学史上的一大损失。

除了数学外，祖冲之在天文学上也颇有建树。由于从小就受到祖父和父亲的影响，祖冲之学到了一些天文学方面的知识。长大后他兴趣不减，经常进行一些实际测量和推算。他曾说过："亲量圭尺，躬察仪漏，目尽毫厘，心穷筹策。"意思是说，他经常亲自观察测量日影长短的圭尺，用以校订节气，测定一年的时间到底有多长；也常常亲自察看古代计时用的器具"漏刻"，从而证实日月星辰的升落时辰；他还经常摆弄用于观测、计量实验和检验的各种仪器。祖冲之有着严谨的治学态度，每次观察，他都非常认真，尽量避免任何细小的误差，在此基础上认真进行思考、计算，想出解决问题的办法。

祖冲之将他在天文历法上的观测数据和其他资料做了认真的整理，自己摸索出一些规律。他发现传统的《元嘉历》中有很多错误，于是根据自己的观察做了修改，编成了一本新历法——《大明历》，并向朝廷上奏，希望在全国推行。当朝皇帝是宋孝武帝刘骏，他自己不懂历法，于是组织了一些懂得历法的大臣在金殿上进行"廷议"，号令祖冲之参加，让他与大臣们就两种历法的优劣进行辩论。

公元462年的一天，一场关于历法的大辩论展开了。双方的代表人物是祖冲之和戴法兴。戴法兴首先提出："日有恒度，宿无改位，这是万世不变的，你并无变法之理。"

祖冲之马上反驳道："旧历法十九年七闰，每二百年就会相差一天，如果改用大明历，每三百九十一年设一百四十四个闰月，就能与天数符合了。"他又接着说道："旧历法的夏至和冬至都比天象早，五星（金、木、水、火、土）的出现和隐伏也比实际天象差40多天。历法不符合天象，当然要改革。"

"日月星辰的长落，自有其天数，非凡夫所能测定。"戴法兴不甘心自己的失败。

"日月星辰皆有形可检验，有数据可以推算，并非出于神性，怎么能说凡夫不能测定呢？在下十多年的观测发现每年夏至与冬至的圭尺都没有误差。"他又转身向宋孝武帝道："据臣推算，每45年11个月要后退1度。"

"你这是削闰坏章，诬天背经。"戴法兴有些恼羞成怒了。

"商朝时的历法是三年一闰，周朝时改为五年二闰，春秋中叶起，才确定十九年七闰，难道他们是削闰坏章吗？至于历法，在《元嘉历》之前已经有《太阳历》，后来才改的，这是不是也是诬天背经呢？"

辩论最终以祖冲之的大获全胜而告终。经过进一步的研究，证实了《大明历》的科学性。于是宋孝武帝颁布诏书，通令全国于公元465年起改行新历。遗憾的是宋朝不久就发生了战乱，《大明历》实际上并未推行。祖冲之死时仍沿用《元嘉历》。

梁武帝时，祖冲之的儿子祖暅上奏朝廷，请求皇帝下令启用《大明历》。梁武帝派人深入研究，证实了《大明历》的优越性后，颁令于公元510年起施行《大明历》。祖冲之在天文学上的成就最终得到了认可。

3. 徐霞客的故事

徐霞客（1587～1641），明地理学家。名弘祖，字振之，号霞客，南直隶江阴（今属江苏）人。幼年好学，博览图经地志。因明末政治黑暗，不愿入仕，专心从事旅行，足迹所到，北至燕、晋，南及云、贵、两广，旅途中备尝艰险。其观察所得，按日记载。死后由季梦良整理成富有地理学价值和文学价值的《徐霞客游记》。

徐霞客从小就对一些介绍地理游记的书籍感兴趣。有一次，徐霞客把一本《山海经》带到了学堂上，被老师发现打了他一顿竹板。他的两只小手肿得像两个小馒头，但这并没有改变他对地理游历的兴趣。

经过了10年寒窗，他的同学都先后去赶考了，惟有徐霞客仍一心向往着祖国山川，耐心地读着那些山水游记的书。同伴们劝他去参加考试，徐霞客考虑了半天，为了不使父母太伤心，决定去试一试。

通过这次考试，徐霞客看到了官场种种的腐败现象，对当官更没有兴趣了。他决心走自己的路。他对母亲说："我要实现我的理想去走自己的路。"母亲是个开明的人，她对儿子说："好男儿志在四方，你不愿考取功名，我也不强求你，你走吧，不要担心我。"在母亲的支持下，徐霞客收拾好行装，开始游览祖国的名山大川。

徐霞客对家乡附近的太湖进行了考察，发现太湖中心的龟山是天目山的余脉。他又考察了林屋洞钟乳石的形成。随后，徐霞客北上登上了"五岳之尊"的泰山，看着群山尽收眼底，对祖国大好河山的热爱之情油然而生。徐霞客游历不是为了游山玩水，他对走过的江河湖泊、三山五岳都进行了实地考察，做了大量的研究，收集了很多宝贵的资料。徐霞客经常虚心地向别人请教。一次他游完雁荡山在归途中，顺便拜访了一个朋友，朋友给他讲了许多雁荡山峰顶的美景，徐霞客十分不好意思，因为他没有登上峰顶。从朋友家出来后他又返回雁荡山，登上了峰顶，一看，真如朋友所说的一样，徐霞客高高兴兴地回到朋友处兴奋地说："多亏你的提醒，雁荡山峰顶真是一个美妙的地方。"

从雁荡山回来之后，徐霞客又继续游览了济南、南京、黄山等地，留下了大量的记录。他的游历日记加起来，有一人那么高了，就在这个时候，他的母亲去世了，徐霞客悲痛地回到家中，为母亲守孝3年之后，他又匆匆踏上征途。

徐霞客这次出行的第一站便是中岳嵩山。他先游览了周公庙，继而游览了中岳庙、嵩阳书院等地，最后，游览了以武功著称的少林寺。在这之后，他又陆续探访了西岳华山、北岳恒山以及五台山、庐山、天台山等各大名山，进一步增强了他对祖国大好河山的热爱之情。

当徐霞客已经年过半百的时候，本应该过几天清静的日子，安享晚年了，可是他的心仍牵挂着祖国西部的那些名山大河。崇祯九年（1636年）的九月，徐霞客带着两名仆人踏上了他一生中最后一次，也是最出色的万里征程。徐霞客这一次远行，和前几次有很大的不同。他这次出行的主要目的是对地理现象的考察。因为他在阅读古书时，有记载与事实不符的现象。他要以自己的实地考察给后人一个满意的答案。

西部地区人烟稀少，路途艰险，到这里游历更需要一种不怕吃苦、勇敢无畏的精神和坚韧不拔的毅力。经历了一次次的艰难险阻，徐霞客来到了风景优美的岩溶地貌分布区，他从底部的石峰到上游的暗河，一步步、一层层地仔细观察、绘图，把河流和周围的地形结合在一起进行了研究，阐明了水文和岩溶地貌的关系。同时，徐霞客以自己的实际行动破除了多少年来束缚着人们的迷信思想。

徐霞客白天进行实地考察，晚上就借着火光记下了考察的情况和自己的看法，有一次他写着写着就睡着了，第二天醒来的时候发现笔墨已经把纸都弄黑了。

徐霞客一生走遍了大半个中国，留下了几十万字的第一手地理考察资料。在他死后，他的好友将这些资料整理出版了负有地理学和文学价值的《徐霞客游记》。英国李约瑟博士看过这本书后曾发出这样的感慨："《徐霞客游记》读来并不像17世纪写的，倒像是20世纪一位野外勘测家写的考察记录。"

4. 詹天佑的故事

1890年，清政府想要修一条从北京到沈阳的铁路，这条铁路由英国总工程师金达指挥。在经过滦河的时候，要修一座桥，这个工程却让这位大名鼎鼎的英国工程师大伤脑筋。经过几天的观察和思考，这位英国工程师只好把这个工程交给了日本和德国的一些承包人来完成，结果他们都以失败而告终。

其实中国早在1887年就已成立了自己的铁路公司。但是当时执政的清政府对自己的技术人员不信任，总是把修铁路的大权交给外国人。

对滦河大桥束手无策的英国工程师金达找到了中国铁路公司的工程师詹天佑，他一脸愁苦地对詹天佑说：

"詹先生，这个滦河工程看来我们老外是拿不下来了，你看你们中国人是不是有新的办法。如果能行的话我就把这个工程交给你了。"

詹天佑在看完金达的设计图纸后说：

"如果你的设计方案能改动的话，这个工程我会很快完成的。"

着急的金达看见詹天佑已经同意承接这个工程，高兴得连忙答道："可以，可以。"

詹天佑经过反复的研究和考察，发现滦河的建桥地点选得不是地方，因为这一带滦河的土质有问题。詹天佑改变了建桥地点，并大胆地采用了压气沉箱的办法，让中国的潜水员下河操作，终于成功地打下了桥桩。就这样滦河大桥在詹天佑的指挥下建成了，那些外国工程师都目瞪口呆，不得不对中国工程师另眼相看。

詹天佑 1861 年生于广东南海，童年在私塾读书。旧时的孩子上学主要的课本就是四书和五经一类的古书，詹天佑自小并不喜欢这些东西，他喜欢的是用泥土做各种各样的玩具，并常常和小伙伴们到附近的一些工厂里去拾小螺帽，詹天佑因此收集了各种各样和不同型号的螺帽。

十一岁那一年，詹天佑来到了香港，并考取了技艺学校，他在技艺学校刚上了一年的学，就碰上了清政府在上海设出洋局，政府需要招收一批儿童到美国留学。詹天佑的父亲听说这件事以后，便去替儿子报了名，就这样詹天佑在香港参加了考试，并顺利地通过了考试。

1872 年 7 月，十二岁的詹天佑作为中国第一批留美公费生前往美国去读书，在那里他先后读完了小学、中学并以良好的成绩考取了著名的耶鲁大学。在耶鲁大学里他攻读了土木工程和铁路工程专业，并于 1881 年以优异成绩学成回国，那一年他只有 20 岁。

当时中国守旧派官僚们对于铁路修建事宜既恐惧又反感，认为是"破坏风水、冲动地脉、让我们的祖宗在地下不得安宁"。这一来就使得学业刚结束的詹天佑英雄无用武之地。詹天佑只好改行到福建水师学堂学习驾驶海船，然后分配到福建水师"扬威"号旗舰上去担任驾驶官。

1884 年，中法战争爆发，詹天佑驾驶的"扬威"号参加了战斗，因为"扬威"号的指挥官张成半路逃跑，詹天佑主动担任了指挥官，并将敌人的旗舰狠狠地教训了一顿。

几年后，随着中国铁路公司在天津成立，詹天佑才得以旧梦初圆。滦河工程的建成不仅为中国人争了光，同时也为詹天佑以后的工作打下了一定的基础。

在这之后，中国决定修建北京到张家口的铁路，因为铁路所经之地是我国的经济和军事重地，所以英国和俄国都争着要修这一条铁路。后来双方争执不下，就对当时执政的清政府表态：

"这条铁路除非由中国人自己来修，我们就不过问此事了。"

清政府于是决定自己来修建这条铁路。1903 年，清政府终于起用了中国自己的铁路工程师詹天佑来修建京张铁路。外国人听到这个消息以后，都大为惊讶，他们认为按中国人的实力再过 50 年也完成不了这个工程。以至于詹天佑在给自己美国的一位老师写信的时候说："如果京张铁路工程失败了，它不仅是我一个人的不幸，同时它也会给中国人民带来巨大的损失，我想我会用我所有的精力和时间来完成这一工程，这也是我坚持担当这一工程的一个重大原因。"

从北京到张家口的铁路全长二百公里，这条铁路不仅要经过崇山峻岭的燕山山脉，同时还得穿过号称天险的居庸关、青龙桥、八达岭一段，这些困难没有把詹天佑吓倒，他决定用穿山洞打隧道的办法，穿过燕山山脉。京张铁路仅在燕山山脉就打了四条隧道，最长的隧道有 1091 米。

打隧道虽然是一个解决火车如何穿过燕山山脉的一个方法，但是这个方法对贫穷的中国来说有些难处，因为这样一来，消耗的资金不仅很多，同时还占用过多的劳力。经过反复的研究和探讨以后，詹天佑在修建居庸关、青龙桥、八达岭一段时便采取了"人"字形的方法铺铁轨，让火车用两个大马力的火车头前拉后推，然后到交叉点以后再调换方向。这样循环交替，结果火车就能平平稳稳地上山了。后来人们为了纪念詹天佑的伟大壮举，在青龙桥车站为他立了铜像。

1909 年 8 月 11 日，京张铁路终于完工通车了，并且比原计划提前两年完成。詹天佑的方法为国家节余了*28*万两银子。这条铁路的修建成功也使得外国人交口称赞。接着詹天佑又担任了川汉粤川铁路总工程师，并都圆满地完成了任务。詹天佑为中国铁路事业作出了巨大贡献。

5. 李四光的故事

*1889*年*10*月*26*日，李四光出生于湖北省黄冈县一个贫苦的农民家庭。父亲是一个教书先生，收入微薄，不得不在教书之余种些田地。他为人耿直，乐于助人，他的这种性格给了李四光有益的影响。

李四光的母亲是父亲的后妻，粗通文墨。从四五岁起，李四光就跟着母亲打柴、推磨、担水，从小就养成了吃苦耐劳的习惯。*1895*年，中日甲午战争以中国失败而告终，*6*岁的李四光就立下了发奋学习为国争光的志向。小学时期，李四光读书勤奋，肯动脑筋，学习成绩一直名列前茅。

*1904*年，求知心切的李四光便向父母提出去武昌求学的要求。

*1904*年*7*月，李四光以优异成绩被选送到日本留学，先在弘文学院普通班学习，后入大阪高等工业学校船用机械专科学习。

*1910*年*7*月，李四光学成归国但在战火连绵的旧中国，他难以找到施展才华的机会，于是愤闷之余，李四光决定再次出国，到英国留学。

*1917*年，李四光获得学士学位。一年后，即*1918*年*5*月，李四光凭借《中国之地质》的长篇论文获得自然科学硕士学位。

*1920*年*5*月，李四光婉言谢绝了恩师的挽留和一家印度矿山公

司的高薪聘请，毅然回到了祖国，就任北京大学地质系教授。

1931 年和 1932 年的夏天，李四光两次到庐山考察，又发现了一些冰川 U 形谷和冰川泥砾堆积物。他将野外资料分析整理后，提出庐山在第四纪地质时期，至少经过两次冰期。中国第四纪冰川主要是山谷冰。1936 年 8 月，李四光又带着助手第四次赴庐山考察，获得大量证据：在白石嘴发现了第四纪冰川的确凿证据——冰溜条痕石。1937 年李四光将在庐山考察所得写成专著《冰期之庐山》，为我国第四纪冰川地质的研究打开了大门。

另外，在研究地壳的起源问题时，李四光不畏国外权威的说教，终于以几十年艰苦的探索研究，创立了一门新学说——地质力学，从而使李四光成为我国地质学家以创造性思想登上国际地质论坛的第一人。

1952 年，地质部成立，李四光被任命为部长。从此，李四光便开始为新中国地质事业忘我的工作了。

毛主席、周总理等中央同志就石油远景问题询问李四光时，李四光肯定地说："找油的关键不在于'陆相'、'海相'，而在于有没有生油和储油的条件。我国有大面积的沉降带，都有良好的储油条件，肯定能找到石油。"

国家按照李四光的理论，立即开展寻找石油大会战。终于在东北、华北、中原一带发现了储量丰富的石油。

地震能不能预报？这是地质力学理论面临的又一个严峻问题。

1966 年，河北邢台地区发生了强烈地震，给国家和人民造成重大的损失。周总理多次召集科学家商讨对策。李四光认为地震和任何事物一样，不是偶然的，也是有一个过程的，并且是可以预报的。从此以后，他便投入了探索地震预测的工作。

李四光是我国卓越的自然科学家，世界当代最杰出的地质学家之一。他打开了中国第四纪冰川地质研究的大门，创立了地质力学。

他把毕生的精力都献给了祖国和人民，他的精神永远鼓舞着中国人民。

6. 茅以升的故事

世上有谁没见过桥呢？从家乡潺潺流过的小河上的石板桥、木板桥，到跨越大江大河的钢铁大桥；从红军飞跃大渡河的铁索桥，到黄浦江上的钢索斜拉桥；从崇山峻岭中跨越深涧的铁路桥，到繁华闹市的公路立交桥……可以说，路长必有桥，桥是道路的咽喉。

可是，朋友，你知道怎样建桥吗？过桥很容易，但建桥就不那么容易了，这是一门大学问。每当我们轻松地越桥而过时，不能忘记建桥的人。尤其是不能忘记我国现代建桥史上最著名的科学家——茅以升。

人之初

长江，这条世界第三大河，从遥远的青藏高原雪山脚下流出，到达江苏省镇江市，已走过了万里征程，从涓涓细流，变成了大浪排空、水天相连的巨川大河了。

1896 年 1 月 9 日（农历乙未年十一月二十五日），就在这江边重镇镇江市的一个读书世家，诞生了一个男孩。欣喜中，祖父茅谦给孩子取名"以升"。这是为了寄托他在那动乱年代向往"国家升平"的美好愿望。有谁能够想到，就是这个男孩，竟是 60 年后，在万里长江之上飞架第一桥的主要设计者之一呢？

茅以升诞生的这年 10 月，全家迁往南京。在这里，他度过了自己的幼年、少年时代。

茅以升自幼聪慧好学，凡事喜欢刨根问底，具有极大的好奇心。

他常常一人独坐院中观察蚂蚁搬家，常常遥望天空静静思索：月亮为什么有圆有缺？太阳为什么会东升西落？大自然的奥秘，总是搅得他心神不宁，驱使他去寻找答案。

7岁那年的元宵节，他和大人一起上街看花灯。好漂亮的花灯啊！五光十色，挂满了大街两旁。他笑着，走着，看着，心里别提多高兴了。忽然，他两眼直直盯住一盏灯，再也不走了。这是一盏走马灯，透过灯内的烛光，他看见画在灯笼四壁上的人呀、马呀不停地旋转着。

"太奇怪了！为什么别的灯不转，这个灯却自个儿转个不停呢？"他百思不解，定要买一个瞧瞧。爸爸满足了他。他拿着灯看啊想啊，还做了个比较：放两个蜡烛，比放一个转得更快，吹灭蜡烛，灯也就不转了。他终于初步搞清了点燃的蜡烛和走马灯旋转的关系。茅以升的这种好奇心，陪伴了他一生，成为无休止探求大自然奥秘的动力。

他9岁那年的端午节，发生在秦淮河上的一件事，影响了他的一生。按习惯，这一天要吃粽子，划龙船。秦淮河上也举行了划龙船比赛。有成千上万的人站在河两岸及桥上观看，大家兴奋异常，助威呐喊，充满了欢乐的气氛。突然，不幸的事情发生了！河上的文德桥轰隆一声栏断桥塌，许多人掉进河里淹死了，其中还有他的小伙伴。

这消息使他难受极了，久久站在文德桥旁，心想：我长大了，一定要造桥，一定要造更结实、永远不垮的桥！

坚实的基础

茅以升7岁入小学，10岁即以优秀的成绩考上了当时在全国知名的"江南商业学堂"。学校开的课程，对一个10岁的孩子，是很深很难的。但是凭着奋斗的精神，他却成为学校的佼佼者。数学、物理是他的拿手好戏，历史、地理更不在话下。他对古文、古诗、书法也有浓厚的兴趣。夏天的南京，是个大火炉，他却能在屋里背古诗，练书法，一呆就是半天。一个暑假过去，上百首古诗、十数篇古文即可出口背诵。

茅以升的英文、法文进步极快，时间不长就可读外文书籍了。《鲁滨孙漂流记》、《孤星血泪》等成了他的常读之书。

他特别喜欢做各种实验，把这当成最大的乐趣。他还经常把坏了的钟表、留声机打开看个究竟，并把它修理好。在他看来，每做成一件事，就多知道了一个奥秘。

茅以升的奋斗精神，还表现在对体育的爱好上。在常人看来，酷爱读书的人，都是书呆子。用这个眼光来看茅以升可就错了。在足球场上，这个小个子像游鱼一样穿插奔跑，总能找到机会破门得分；在骑马场上，他又是一个技术不错的骑手。他还在那时养成了洗冷水澡的习惯。这个习惯，一直坚持到晚年。他认为体育活动是构成男子汉性格的重要组成部分。

茅以升成长的年代，祖国正处于灾难深重之中。甲午海战（1894 年），小国日本打败了泱泱大清帝国；本世纪初（1900 年），八国联军的铁骑又踏遍了北京城。腐败的清王朝，成了帝国主义的帮凶。但是中国人民的反抗也从来没有停止过。继义和团之后，民主革命的伟大先行者孙中山，成立同盟会，提出革命纲领，在全国各地发动武装起义。

茅以升深受影响，幼小心灵已深深播下救国救民的种子，萌发出强烈的反抗精神。在纪念秋瑾、徐锡麟两位民主革命志士遇害的集会上，他慷慨陈词，泣不成声；在慈禧太后、光绪皇帝"驾崩"举行"国哀"之时，他和伙伴们学鸡叫，学狼嚎，大闹祭堂，并在此后毅然剪掉了脑后的长辫子。少年时的奋斗，给他打下品德、身体、学识的牢固基础。

苦 学

15 岁那年，茅以升抱着"以詹天佑为榜样，为中国人争气，造一流大桥"的志向，考入当时有名的工科大学——唐山路矿学堂。

入学仅三个月，伟大的辛亥革命爆发了，两千年的帝制被推翻，茅以升在高兴激动之余，打算弃笔从戎当一名革命军人，但母亲劝阻了他。特别是孙中山到路矿学堂对师生的一次演讲，又使茅以升安下心来读书。孙中山先生认为：国民革命需要举行起义建立民众政权，也需要学习世界先进科学技术。并说："同学们学习采矿、筑路、造桥，也是为了革命"。孙先生的话，成为他奋发学习的不竭动力。

那时，学校讲课，全用英语，没有正式课本，讲一节课，就要看 *10 多本参考书*，还要自己整理笔记。不少同学在困难面前毫无办法，而茅以升却有条不紊。*5 年时间*，共整理出工整的笔记 *200 余本，约 900 万字*。摞起来，足以高过屋顶。这样多的字，就是每天抄 *4000 个字*，也要抄 *7 年*啊！*1916 年*茅以升以破格的 *120 分*最高成绩毕业，紧接着以考试第一名的资格，成为当年清华学堂（即清华大学）招收的 *10 名留美研究生*之一。这年他仅 *20 岁*。

他进入美国康奈尔大学时，校方怀疑这个小个子中国青年，要他重新考试。令他们惊异的是他当场考核的结果，比最优秀的美国学生还好。使人更惊异的是仅仅一年，他就取得了硕士学位。以至校长发毕业证书时当场宣布："以后唐山路矿学堂来读研究生的一律免试！"紧接着，他又投入了极度紧张的实习。在某桥梁公司，他先绘图，搞设计，后在工厂做工。金工、木工、油漆工，造桥的全部工种技艺，他都装在心里。同时他又报考了加理基工学院夜大学。

仅仅两年，他不但完成了实习，还写出了具有世界水平的论文《框架结构的次应力》，成为加理基历史上第一位博士生。在美 *3 年*，他以超人的奋斗精神，完成了常人需要六七年才能完成的学业。

1920 年 1 月 5 日，24 岁的茅以升学成博士回国。

丰　碑

1933 年 3 月，正在天津北洋大学教书的茅以升，忽然接到担任浙赣铁路局长的老同学的一封信，告知他"浙赣铁路已由杭州通至玉山，一两年后即可通至南昌，钱塘江一水，将浙省分成东西，铁路公路无法贯通，兴建钱塘江大桥，时机已成熟，拟将此重任，寄诸足下，务望即日来杭，面商一切。"

见到此信，茅以升兴奋得彻夜难眠！这是他回国后苦苦等了十几年的事啊！近代以来，在中国的大地上，尚少有中国人自己设计建造的大桥。外国人曾断言：中国人自己造不了现代化大桥。在历史上曾是世界造桥技术最发达的中国，怎能不为此感到耻辱！茅以升想：洗刷耻辱打破偏见，在此一举！一座现代化大桥，一般由三个主要部分组成：桥梁、桥墩、桥基。

桥梁，是桥最显眼的部分，人来车往均从桥梁上面通过。桥梁的设计建造关键，是要符合力学原理，能经受住火车、汽车等重物通过而不会断裂，跨度越大，要求越高。桥墩，是用来支承桥梁的，它把来自桥梁的压力传给下面的桥基。桥基，深深埋在河水下的泥沙之中，人们是看不见它的。然而，它却是建桥的关键。它承受着大桥自身和人马车辆的重量，稍不稳固，上面的桥墩、桥梁，不是歪，就是裂。因此，桥基不能建在河底的泥沙上，必须穿透厚厚的泥沙，牢牢建在泥沙底部的岩石之上。如果从河底岩石算起，桥的高度，往往比我们实际所能看到的桥的高度要高得多。

在钱塘江上建桥困难非常大。因为这里地处世界有名的钱塘江大潮所在地，再加上常遇台风，所以风浪特别大。另外江底泥沙层深达 40 多米。茅以升带领全体科技人员和工人，依靠科学技术和大家的智慧，战胜了一个又一个困难，把工程推向前进。

江底泥沙太厚，必须穿过泥沙打 30 米深的桩，以达到把压力最终传到江底岩石上的目的。打桩谈何容易！劲小了不进；劲大了断桩。一天只打进三根，照这个速度，全桥 1500 个桩，就要打一年半！这决不行。茅以升想出了"射水法"，用高压水猛冲打桩的地点，不长时间，就把泥沙层层剥离，形成一个深深的洞穴，再把桩子放进去打，工效一下提高 10 倍。当把在岸上做好的沉箱（参见图）浮在水面拖向墩址时，遇到了更大的困难。江面风大浪高，沉箱像一匹脱缰的野马，一会儿被冲到上游，一会儿又被荡到下游，挣断了铁链，撞坏了码头。整整 4 个月，也没使一个沉箱就位。茅以升又带领大家出主意想办法，研究大风和海潮的规律，找出定位失败的原因。他们终于想出了在涨潮时浮运，落潮时就位，然后用 10 吨重的大混凝土锚代替 3 吨重的铁锚定位，解决了这个难题。

在建桥总体施工组织中，茅以升创造了基础、桥墩、钢梁三大工程上下并进、一气呵成的方案，使工程进度大大加快。

经过两年多的艰苦奋战，钱塘江大桥终于在抗日战争的隆隆炮火中建成了！茅以升创造了两个之最：工期最短——两年半，费用最低——160 万美元。钱塘江大桥达到了当时的世界水平，超过了所有外国人在中国建成的大桥。

新中国成立不久的 1955 年，党和政府又把建设武汉长江大桥技术顾问委员会主任的重担压在他身上。这个在长江边上长大的专家，那时已是 60 岁的老人了。

长江，无论从宽度、深度、水量、流速，都远非钱塘江可比，建桥的难度也远远超过以往中国建的任何一座大桥。中国当时所有大河上都已建了大桥，唯独剩下这道"天堑"，还阻碍着南北的交通。长江上建桥，最困难的，仍然是水下基础工程。原来所有的方法，在这里都不能用。必须寻找新的方法。这个方法，被充满智慧和创造精神的茅以升找到了。他提出用"大型管柱钻孔法建大桥基础"。这方法是"在每个桥墩墩址，用 30 多根直径 1.5 米的大型空心水泥管，穿过江底泥沙直触岩层，再从管内放入钻机，在岩石上钻孔，使管柱深深插入岩石；然后在管内注满钢筋混凝土，将管柱与岩石紧密联成一体；最后，把这30多根管柱联在一起，围成一个更大的圆柱体，这就形成了一个坚不可摧的牢固基础，好像从江底岩石上长出一个擎天大柱，把大桥稳稳托起。这一技术，获得了巨大成功。其他十几个关键性技术难题，也都——得到解决。仅两年时间，万里长江第一桥正式通车！武汉大桥建造成功，标志着我国建桥技术跨入了世界先进行列。

钱塘江大桥、武汉长江大桥，是茅以升的两座丰碑，也是中国现代建桥史上的两个里程碑。

良师益友

茅以升不仅是建造过许多桥梁的工程专家，还是一个培养过无数人才的优秀教育家。他在这方面的贡献，甚至超过了他亲自造桥的贡献。他把中国造桥的优秀传统与世界最先进的造桥技术融于一体，形成了自己的独特理论体系，以此为据，他培养了一批又一批的中国桥梁专家。他的学生遍天下。在中国现代建桥史上的影响，他无疑处于首位，"一代桥梁大师"他当之无愧。

他的教育方法独树一帜，在课堂上，他叫学生问老师，谁的问题提得深，给的分就高。一次某学生问他"应力与应变谁先谁后?"他当场给了这个学生100分，同学们都很惊讶和兴奋。凡他教的学生，主动学习，探讨问题，蔚然成风。

他特别重视在实际中学习。按一般方法，是先学再实践，"学而时习之"。他却强调"习而时学之"，先在实际中锻炼，再进一步学理论。他比喻说："哪个人是从书本上学会游泳的？都是先跳进水里，边学边看边想，慢慢学会的。但理论也重要，没有理论指导，游泳也难以提高成绩，打破纪录。"他总结的"博闻强记，多思多问，勤于实践，勇于创新"十六字诀，是学习的好方法。"博闻强记"还有个故事：一次校庆联欢，要他出节目，他没唱歌没跳舞，却一口气把圆周率 π 的数值背到小数点后第 100 位，这个节目引起了师生的热烈欢迎和敬佩。

茅以升一生写过大量关于桥的著作：《桥话》、《二十四桥》、《名桥谈往》、《人间彩虹》这些书，资料丰富，生动有趣，通俗易懂，产生了巨大影响。他有无数的青少年朋友，许多人因此而成了"小桥迷"，最终走上了造桥之路。

晚　霞

茅以升以热爱中国、振兴中华的精神和大无畏的奋斗精神，走过了他漫漫的人生之路。他曾在回忆录中写到："人生一征途耳，其长百年，我已走过十之七八。回首前尘历历在目。崎岖多于平坦，忽深谷，忽洪涛，幸赖桥梁以渡。桥何名欤？曰：奋斗。"尤为令人敬佩的，是他在 90 高龄时，加入了中国共产党。这无疑向世人宣告，他的最终奋斗目标，是要实现人类最壮丽的事业——共产主义。

1989 年 11 月 12 日，茅以升在北京逝世，终年 94 岁。

7. 竺可桢的故事

竺可桢，著名科学家，中国现代气象学的开拓者。一生发表了近 300 篇论著，写了 800 万字极有价值的日记。在台风、季风、中国区域气候、物候学、气候变迁等众多领域都取得了重大成果，堪称气象学的一代宗师。

竺可桢于 1890 年 3 月 7 日出生于浙江绍兴东关镇。小时候的竺可桢受到了良好的家庭教育。1910 年，竺可桢以优异的成绩取得了赴美留学的资格。在选择专业时，他考虑到农业的重要性，选择在伊利诺斯州立大学农学院学习农业。

在学习过程中，他觉得气象学对农业的发展影响极大，而在当时的中国，气象学还是空白，因此在农学院毕业以后，他又来到哈佛大学专攻气象学。

竺可桢在美国期间，学习非常刻苦，同时十分关心祖国的情况。报刊上有关祖国的报道，他都认真阅读，并将气象和自然灾害方面的内容一一记录下来。当他看到台风、干旱和雨涝不断给祖国人民带来巨大损失时，他感到非常难过，同时感到自己肩负的责任十分重大。他决心以中国的雨量和风暴作为自己的研究专题，认真收集和整理相关的资料，并进行深入的分析和思考。1916 年，他发表了自己的第一篇气象学论文：《中国之雨量及风暴说》。1918 年，竺可桢又以《台风中心的若干新事实》的论文，获得哈佛大学的博士学位。

获得博士学位以后，竺可桢满怀希望回到了祖国。然而迎接他的却是军阀混战的衰败局面，气象事业几乎为零。面对困难，竺可桢并不气馁。1921 年，他在东南大学任教，带领学生在校园东南角建立了中国的第一个气象站。随后，他又以不畏艰难的闯劲，在全国各地建立了四十多个气象站和一百多个雨量观测点，组建起初具规模的气象观测网，奠定了我国现代气象事业的基础。

1925 年，竺可桢担任了全国气象研究所所长。当时的气象研究所设在南京市的北极阁，条件非常简陋。竺可桢来到这里后，亲自动手修建了一座气象台。不论严寒酷暑、刮风下雨，他始终坚持在第一线进行实地观测，并进行数据记录。

此外，竺可桢还一百六十多次放飞高空气球进行观测，终于掌握了南京地区天气的一些规律，写出了《南京三千米高空之风向与天气预测》的论文。

竺可桢还十分注意物候的观察和研究。在长期观察中，他发现南京的桃李开花在 3 月 31 日左右，而北京的桃李要到 4 月 19 日才露出花瓣，南北相差近 20 天，但是到了 5 月下旬以后，南京和北京的物候现象相差就没有几天了。这是什么原因呢？竺可桢从气候上进行了分析。他认为中国是典型的大陆型气候，冬末春初，南北温差相当大，而初夏后南北温差比较小。例如：南京和北京，3 月份温差达到 4 摄氏度，而到了 5 月份，就几乎没有明显差别了。

后来，竺可桢将他几十年对物候现象的观察和研究结果写成了一本专著《物候学》，这也是对我国气象学的一大贡献。竺可桢不仅为我们留下了大量的科学著作和论文，还留下了 800 万字的日记，从 1936 年到 1974 年 2 月 6 日，共计 38 年 37 天，几乎一天也未间断，而 1936 年以前的日记则在搬家过程中散落了。竺可桢的日记，内容极其丰富，文采亦很好。很多日记，只要稍加整理便是一篇精彩的科技文章。

竺可桢有一个习惯，就是随身携带两件宝：气温表和高度表。每到一处，就利用这两件宝贝进行观测，并用笔和本子记下来，这成了他日记的重要内容。他那几十年如一日的严谨治学精神，是许多人所缺乏的，也是我们需要学习的。

1974 年 2 月 6 日，身患重病的竺可桢躺在了床上。当他从昏迷中醒来时，正听到收音机里广播北京地区天气预报，他用颤抖的手在日记本上写下了人生的最后一篇日记："气温，最高零下 1 摄氏度，最低零下 7 摄氏度。东风一至二级。晴转多云……"

8. 华罗庚的故事

华罗庚 1910 年出生在江苏省金坛县，他的父亲开了一个小杂货店，生意并不好，一家人艰难度日，勉强供华罗庚上学读书。华罗庚自幼酷爱数学，他在金坛中学上学时，遇上了一位独具慧眼的数学教师王维克，王老师发现了华罗庚很有数学天赋，于是对他格外精心培养，他借给华罗庚很多的数学书籍，课余还经常对他单独辅导，使华罗庚在数学上进步很大。

1925 年华罗庚中学毕业后，由于父亲无力供他上大学，就考取了上海中华职业学校，他的父亲千方百计地凑了点钱把华罗庚送到了学校，但是华罗庚并不能适应这里的教育，有一天上课时一位老师将刚刚看完的作业放在讲课桌上，就声色俱厉地喊道：

"华罗庚！这么简单的题你为什么没做对？"

华罗庚看着满脸怒气的老师站起来说："老师，我没有做错题，我这样做是有理由的。"

"还有理由？"老师更来气了，冲他摆摆手说："那你上来给我讲讲。"

于是华罗庚走上了讲台，他拿起粉笔不假思索地将自己独特的解题方法写在了黑板上，然后又转过身对着同学们讲了讲他的解题思路，他讲完后同学们都小声嚷起来："他做的没有错。他的方法很好，一定是老师看错了。"

满脸怒气的老师一时下不了台，他很恼火地看着华罗庚，随便找了个理由将他训了一刻多钟，这让华罗庚对学校的教育十分不满。再加上后来家里经济困难，没有钱交学费，于是上了一年学后华罗庚就退学了，连毕业证都没拿到。华罗庚回到家里后就帮助照料店里的生意。

虽然不再上学了，华罗庚依然没有停止对数学的钻研。他经常站在柜台边，一边卖东西算账，一边翻看着数学书，不时还演算起来，有时遇到难题，不分白天黑夜地进行钻研。由于他经常心不在焉，小店的生意越来越差。一次，一位顾客来买毛巾，问道：多少钱一条？

"26867。"华罗庚看也不看随口就把刚才演算出的一个得数说了出来。

顾客一听莫名其妙，扭头就走了。

在一旁的父亲看在眼里，火冒三丈，抢过来就要把华罗庚手中的数学书和演算题的纸给烧掉。他认为儿子是让这些东西给弄傻了。

华罗庚18岁的时候，由于生活艰难和饮食不良，他不幸染上了流行的伤寒病，虽然后来在家人的精心照料下活了下来，可是他的左腿关节变形，再也无法像正常人一样走路。认识他的人看到他一瘸一拐地走在路上，都不禁为他的遭遇叹息。可是华罗庚却十分坚定地想：既然不能干别的工作，那么我还是钻研数学吧，这一行不需要什么设备，只要有一支笔，一张纸就够了。

此后华罗庚全身心地投入了数学，他节衣缩食省钱订份《科学》杂志，又买了很多的数学书籍，坚持学数学，同时他开始写一些有关数学的文章，投到杂志上。尽管刚开始有很多文章退了回来，但他没有灰心，依然继续写着。1930年他在上海《科学》杂志发表了一篇论文，论文中对一位数学教授的理论进行了质疑，当时清华大学数学系主任熊庆来看到这篇文章，大加赞赏，当他得知这篇文章出自一位年仅19岁的失学青年时，震惊不已地说："这个年轻人不简单，应该请他到清华来。"

1931年，华罗庚在熊庆来的安排下到了清华，在数学系当了一名助理员。他平时的工作只是整理图书，收发文件。这样就有了更多的时间去听课和学习数学。在熊庆来的悉心指导下，华罗庚进步很快，他在努力工作的同时，拼命地学习，只用一年半就攻下了数学系的全部课程，还自学了英语、德语、法语。他寄出了3篇论文，都在国外的杂志上发表了。在当时，大学的教授都很难在国际的杂志上发表论文，于是清华大学决定聘请华罗庚做教师，就这样，一

个年仅 *24* 岁，只有初中毕业文凭的人，进入了清华大学教师行列。

后来，在熊庆来的帮助下，华罗庚获得到英国剑桥大学进修的机会。他在那里刻苦学习，在博采世界诸家成果的同时，他一连写出了 *18* 篇论文，提出了自己的观点。华罗庚的论文在当时数学领域一些悬而未决的难题上连连取得了突破，使当时世界级的数学权威们都赞叹不已。

1950 年，华罗庚回国后被聘为清华大学的教授，虽然工作生活条件十分艰苦：一家 *7* 口人挤在两间小旧房子里。但是他还是在昏暗的小油灯下，先后写出 *20* 多篇数学论文，还完成了他的一系列学术著作。

回顾自己的成长历程，华罗庚写下这样的几句话：埋头苦干是第一，熟练生出百巧来。勤能补拙是良训，一分辛苦一分才。这也可以看作是他从一个初中毕业生到饮誉世界的数学大师的成长秘诀吧。

9. 钱学森的故事

钱学森，当代中国著名的物理学家、力学家、火箭专家。*1991* 年被国家科委评为"国家杰出贡献科学家"，受到了党和国家的最高表彰。

钱学森是浙江杭州人。*1934* 年毕业于上海交通大学铁路机械工程专业。*1935 ~ 1938* 年在美国麻省理工学院和加州理工学院航空工程系学习。*1938* 年获加州理工学院航空工程博士学位。

1947 年，钱学森回国，与我国著名军事战略家、教育家蒋百里的第三个女儿蒋英女士完婚。婚后夫妇二人同赴美国。钱学森先后

在麻省理工学院和加州理工学院航空系任教授，兼任加州理工学院喷气推进中心哥达特客座教授。

1950年2月，美国参议员麦卡锡在参议院提出了臭名昭著的"麦卡锡法案"，企图在全美煽起一股反共的"十字军运动"。此时正值朝鲜战争的激战时刻，为配合战场上的斗争，美国国内经常发生对大学和政府机构工作人员进行审查和威胁的事件。反共"十字军"运动也波及加州理工学院，该院马列主义小组书记威因鲍姆被捕。由于钱学森与威因鲍姆私交不错，因此也受到美国联邦调查局的"审查"。更令钱学森不满的是，1950年7月，美国政府取消了他参加美国军方秘密研究的资格，并指控他是美国共产党员，还犯有非法入境罪等莫须有的罪名。钱学森再也无法忍受这种污辱，决定返回祖国。

做好必要的准备之后，钱学森马上去晋见主管他研究项目的美国海军部官员金布尔将军。他开诚布公地说道："我要辞职，准备回国探亲。"金布尔听后大为震惊，一方面好言好语地进行挽留，一方面又做好了其他"必要的准备"。他对海军部的另一位官员说："我宁可把他枪毙，也不能让他离开美国！"他认为钱学森知道的美军机密太多了，绝不能让他回到中国。金布尔马上将这件事通知了移民局。

钱学森做好了回国的准备工作，买好了从加拿大飞往香港的机票，并把行李交给搬运公司装运。正当他们全家准备离开美国洛杉矶时，突然接到了美国移民局的通知："不准离开美国！"没办法，钱学森只得又回到了加州理工学院。此时，他家日夜都有人进行监视。1950年9月6日，钱学森突然以莫须有的罪名被捕，拘留在看守所。在此期间，钱学森受到了非人的待遇，15天内体重减轻了30磅。后来他的老师冯·卡门和其他一些朋友募集了1.5万美元才把他保释出来。虽然走出了看守所，钱学森仍然没有获得正当的人身权利，移民局不允许他随便离开住宅，还定期或不定期地查问他。

钱学森后来回忆说："在回国前的那几年，我和蒋英时刻备有三只轻便箱子，装上必要的行李，随时准备回国。我们那时租的房子每次只签一年的合同，五年内我们一共搬了五次家。"

钱学森要求回国的正义斗争，得到了党和政府的高度重视和热情支持。周总理曾多次做出重要指示，一定要让钱学森平安回到祖国。1955 年 8 月 1 日，王炳南大使在日内瓦中美大使级会谈时特别同美方提出了钱学森回国的问题。经过多次交涉，正义的斗争终于取得了胜利，美方最后被迫同意钱学森回国。

1955 年 9 月 17 日，钱学森和夫人蒋英带着一对儿女乘坐美国"克利夫兰总统号"游轮离开美国，回到了阔别多年、朝思暮想的祖国。

回国后的钱学森将他的全部爱国热情和杰出才能都倾注在了我国的国防建设上，为我国国防事业的发展做出了不可磨灭的贡献。1991 年，党和政府授予他"国家杰出贡献科学家"的荣誉称号。这是党和国家对他个人贡献的最高肯定。他获得这一殊荣也是当之无愧的。

10. 钱伟长的故事

钱伟长，中国著名物理学家，中科院院士，在力学研究上成果显著。

1912 年 9 月，钱伟长出生于江苏省太湖岸边的一个小村庄。父亲是一名小学教员。母亲是一个善良而又勤劳的农村妇女，整天靠挑花、糊火柴盒、养蚕来挣取微薄的收入补贴家用。

钱伟长家有兄妹六人，家庭经济负担很重，很不富裕。钱伟长小时候经常和小伙伴们到处玩耍，启蒙教育并不很好，直到9岁时，他才有机会上学。在学校，他刻苦学习，放学后还得帮母亲挑花，挣一点上学费用。

15岁那年，父亲在贫病交加中去世了，这对于这个贫困的家庭来说更是雪上加霜，钱伟长只得弃学在家帮助母亲挑起家庭的重担。但他的一位叔父觉得他很聪明，就这样辍学在家务农太可惜了，于是资助他上了苏州高级中学。

苏州高级中学是省内很有名气的一所省立学校，课程比较全面、数学水平高。在这里，钱伟长第一次接触到了几何、代数、物理、化学和外语。由于以前根本没学过，因此最初钱伟长对这些新鲜的课程兴趣不大，成绩也不好。但学校的老师对他的要求十分严格。在老师的严格要求和同学的帮助下，钱伟长的数理化成绩在中学毕业时终于及格了。

中学毕业的那年，钱伟长凭借自己在文科方面的才华连续考取五所大学。但最后，他却选择了清华大学的物理系继续深造。

入学时，钱伟长见到了清华大学理学院院长叶企孙和物理系主任吴有训。吴有训先生把他叫到跟前，不解地问道："你的数理化成绩不够好，而文科成绩却很出色，你为什么要弃文学理呢？"

在外人看来，这的确是一件很令人费解的事。但钱伟长自有想法。他礼貌地回答道："我觉得文学对付不了侵略者的洋枪洋炮。中国要富强起来，必须发展自己的科学技术。"停了一会儿，他又接着说，"我的数理化成绩虽然不好，但我有决心赶上去。"

吴有训教授理解这个年轻人的心情，轻轻地点了点头，像是同意他的看法，又像是赞许他的决心，然后温和地说："那你就先学一年看看吧，如果一年以后，你的普通物理和微积分还达不到70分，再改学文科也还来得及。"

就这样，钱伟长走上了科学技术的道路。

钱伟长懂得自己所面临的处境，他奋起直追，在科学的海洋中奋臂前进。在夜深人静的晚上，或是晨光熹微的清早，在教室的灯光下，或者在校园的路灯旁，人们总能看到这个瘦弱的年轻人的身影。一年之后，他的理科成绩终于赶了上来。

1935 年，钱伟长以优异的成绩领到了清华大学物理系的毕业证书。吴有训教授十分欣赏这个年轻人的志气和毅力，招收他为自己的研究生。1939 年，钱伟长拿到了加拿大多伦多大学的公费留学的通知书。刚到多伦多，他的导师就热情地问他："你在国内是学什么的？做了一些什么工作？"钱伟长如实答道："我是学物理的，现在主要研究板壳的统一理论。"导师一听，非常高兴，连声说道："很好，很好！我也一直在考虑这个问题。我们是不是把研究情况交流一下？"

1943 年，由钱伟长和他的导师共同署名的论文《板壳的内禀统一理论》发表在美国航空力学家冯·卡门的祝寿纪念文集上。29 岁的钱伟长的名字，与世界上很多知名学者（包括爱因斯坦等）的名字一起，同时出现在这本文集上，成为该文集最年轻的一位作者，这篇论文使钱伟长获得了博士学位。1942 年的春天，钱伟长从加拿大来到美国加利福尼亚理工大学，在著名物理学家冯·卡门领导的喷射推进技术研究所工作。在冯·卡门的指导下，钱伟长的科研水平迅速提高。

几年中，他在美国的《应用数学》季刊上连载了 12 篇新论文。国际力学界认为这是把张量分析用于弹性板壳问题上的富有成果的开创性工作。这项工作中所提出的浅壳理论的非线性微分方程组被誉为"钱伟长方程"。这一系列研究成果，奠定了钱伟长在世界力学界的地位。

面对鲜花与掌声，钱伟长并没有陶醉。他无法忘记那片养育了

89

他二十几载的故土，总希望有朝一日回到祖国去。当他把自己的想法告诉冯·卡门时，冯·卡门立刻严肃地回答道："你是知道的，我们喷射推进技术研究所是美国极端保密的军事管制单位，他们能够让你离开吗？另外，从学术上考虑，我本人也不同意你走。"

钱伟长觉得冯·卡门说得很有道理，马上明白了自己应该怎么做。不久，他以"探亲"的名义提出回国申请，终于得到了批准。就这样，他搭乘从洛杉矶开往上海的货船，回到了久别的祖国，担任了清华大学的教授。

新中国成立后，钱伟长的研究工作迎来了春天。1954年，他的著作《圆薄板大挠度问题》终于问世了。这是国际上第一次成功地利用系统摄动方法处理非线性方程，被公认为是最简捷、最经典、最接近于实际的解法，力学家们把它称为"钱伟长法"。这一著作，使钱伟长荣获1955年国家科学奖。

1955年，钱伟长由清华大学的教务长晋升为副校长，此外，他还担任了全国人大代表等二十多个职务。繁忙的行政工作并没有使他放松科学研究。1956年，他的论文《弹性柱体的扭转理论》发表。同年，他的另一部科学著作《弹性力学》也出版了。

然而，1957年，他却被错划为"右派"。"文革"期间，他也受到了迫害。但任何艰难困苦都没有使他放松科研工作，他的论文手稿与日俱增。1979年是钱伟长扬眉吐气的一年，他多年的汗水终于得到了世人的承认。他连续发表了15篇科学论文，创造了1946年回国后发表论文的最高记录，

"人生的价值在于奉献，而不在于索取。"钱伟长用他的一生对这句话做了最好的诠释。无论是一帆风顺，还是身处逆境，钱伟长从未考虑过向社会索取，而是在科学征途上默默无闻地为社会、为人类奉献着。

11. 钱三强的故事

为什么名叫"三强"

钱三强出生在 *1913* 年。起初他父亲钱玄同给他起的名字叫钱秉穹，但为什么以后改名叫钱三强呢？这得从头说起。

钱三强出生在一个书香世家。父亲钱玄同，不满 *4* 岁就开始天天站在祖父的书桌前认字背书。青年时代，他留学日本早稻田大学学习师范。回国后，先在一些著名的中学任国文教员，后到北京担任北京高等师范学校和北京大学教授，是我国近代著名语言文字学家。他由于接受了章太炎、秋瑾等革命党人的思想影响，竭力主张推翻清朝统治。随后他又与陈独秀、李大钊、严复、胡适等一批有进步思想的教授一起，投入了"新文化"运动，是进步刊物《新青年》的积极支持者和轮流编辑。

在这样的家庭环境中成长起来的钱三强，从小就接受了良好的教育和进步思想的熏陶。为培养钱三强，在他 *7* 岁时，父亲送他进了由蔡元培、李石曾、沈尹默等北京大学教授们创办的子弟学校——孔德学校（孔德是法国哲学家的姓）。

孔德学校是一所开明的新式学校。学校除抓德、智、体三育外，还强调美育与劳动，对音乐、图画、劳作课也很重视。而且孔德学校师资力量较强、阵容整齐，老师们的水平足以胜任高中教学工作。可以说，钱三强童年时代得到的教育条件，是得天独厚的。

钱三强在这样的环境中，接受老师的教育，通过自己的努力，逐渐成为一个兴趣广泛的学生，对音乐、体育、美术，钱三强都有两下。刚进初中，年方 *13* 岁，就成了班上"山猫"篮球队的队员，在比赛中，他的拼搏精神和集体意识得到了同学们的一致好评。

一次，一个体质不如钱三强的比较瘦弱的同学给钱三强写信，信中自称"大弱"，而称当时还叫"秉穹"的为"三强"。这封孩子们之间互称绰号的调皮信，恰巧被秉穹的父亲钱玄同看见了。

"你的同学为什么叫你'三强'呀？"钱玄同风趣地问道。

"他叫我'三强'，是因为我排行老三，喜欢运动，身体强壮，故就称我为'三强'。"秉穹认真地回答了父亲的询问。

钱玄同先生一听，连声叫好。他说："我看这个名字起得好，但不能光是身体强壮，'三强'可以解释为立志争取德、智、体都进步。"

在父亲的肯定下，从此，"钱秉穹"就正式改名为"钱三强"了。

重大的转折

1929 年，钱三强在父亲的支持下考入了北京大学理科预科，同时还听本科的课程。吴有训教授的近代物理学、萨本栋教授的电磁学吸引着钱三强。两位学者的博学及严谨的治学精神也深深教育着钱三强。

科学的发展，给变化万千的世界增添了色彩。三强决定学习物理，报考了清华大学物理系，求读在吴有训教授门下。清华大学享誉国内外，培养出一代代优秀学子、国家的栋材。校内充满浓厚的学术空气，教学严谨，学风端正，激励着三强以顽强的精神，刻苦攻读。他以吴有训教授的作风为楷模，吴教授严谨的治学精神与教学方法滋润着三强的心田。

1936 年钱三强以毕业论文 90 分的优异成绩毕业。经吴有训教授的推荐，钱三强大学毕业后，便到北平研究院物理研究所著名的物理学家严济慈所长的手下做一名助理员，从事分子光谱方面的研究工作。钱三强能在这样的高师手下工作，心中感到无比欣慰。

刚刚开始工作，严老师交给他做一些服务性的工作和管理图书。钱三强不因工作的繁杂细小而敷衍了事，而是认真完成老师交给的每项工作，把图书馆管理得井井有序，受到大家称赞。人家照相，他就帮助冲洗、放大，还用照相底版做分析研究工作。渐渐地钱三强能够独立地、熟练地进行照相底片的分析，并掌握了照相技术。

一个周末的下午，同学都离开了实验室，只剩了钱三强一个人留在那里做分子光带分析。从南京开会回来的严老师进了实验室，看钱三强仍在聚精会神地工作，又看了看分析的数据结果，与国外的资料数据大致相同，心中无比高兴。他更加喜欢这位年轻人了。

一天，钱三强正在图书馆查资料，严教授匆匆走来对他说："你会法语吗？"钱三强说："初中学过。""还记得吗？""忘了不少，查查字典能查资料。""那好，我考考你。"严教授说着，便从书架上拿出一本法文杂志："你念一段，再翻译过来。"钱三强按着老师的话去做了。严老师很满意地说："还行嘛。"这时才告诉他："中法教育基金会，要招考公费留学生，你把手中的工作整理一下，用主要精力准备迎接考试吧！"

钱三强万万没有想到会有这个好机会，他从心里感激自己的老师。时间紧迫，10 年没有读的法语，要尽快捡起。钱三强下定决心，要克服困难，认真地准备应考。考试完不久，严老师兴致勃勃地告诉他："你考取了，考得不错。"

钱三强收拾行李，就要离开生他养他的土地，就要离开重病在身的父亲，离开关心他抚育他的老师，他依依不舍。卢沟桥事变爆发，国难当头，又增加了他心头的沉重。他犹豫不决，不忍离开自己的故土。父亲忍着离别的痛苦劝导他："这是一次难得的学习机会，你学的东西会对祖国有用。报效祖国，造福社会，路程远得很哩！男儿立志，不能只顾近忧啊！"

1937 年 8 月的一天，一艘远洋客轮载着钱三强，离开了上海港，驶向了波涛汹涌的大海。

难忘的 *11* 年

人的一生有几个 *11* 年？然而，钱三强的这 *11* 年，是收获巨大的 *11* 年，是决定他一生的 *11* 年，也是使他难忘的 *11* 年。

1937 年 *9* 月，钱三强在导师严教授的引荐下，来到巴黎大学镭学研究所居里实验室攻读博士学位。该实验室是居里夫人创建的，居里夫人谢世后，由锕的发现者德比爱纳教授任主任。但是实际上是居里夫人的大女儿伊莱纳主持。

伊莱纳·约里奥—居里夫人就是钱三强的导师。伊莱纳像她的慈母居里夫人一样，潜心于科学研究，忘我勤奋，作风严谨，品格高尚，待人谦和、热忱。在这样一个导师的教导下学习，的确是一个难得的好机会。

钱三强的住处距实验室较远。每天，天蒙蒙亮，钱三强就起床，匆匆吃点东西，赶乘地铁，到实验室，一直很晚才回住处。每天坚持十几个小时的工作学习，钱三强并不觉得辛苦与单调，反而感到特别的充实愉快。

钱三强在实验室里主要是做"物理"工作，而放射源是要用化学方法制备的。因此，他很希望兼做"化学"工作。

一天，约里奥—居里夫人问钱三强："钱先生，那位化学师你不是认识吗？如果你回国做放射源，就需要学会'化学'工作，你就去和她学学吧！"

钱三强心里十分高兴，他想导师为我想得多么周到！于是欣然答应了。

化学师葛勤黛夫人是一位有名望的科学技术专家。她放手让钱三强独立做钋的放射源。钱三强一丝不苟仿效着化学师的方法开始工作。化学师每隔一段时间便过来询问指导。接着，又连续让他做了 *4* 个放射源样品。做完后，化学师帮助钱三强测完放射源的强度，并告诉钱三强："成了，*3*个基本一样，*1*个略微差一点，但在允许误差范围内。"

化学师的评价，对钱三强的工作做了肯定。而他的勤奋与好学，又赢得了化学师和同伴们的信任，同时也使他获得了真诚的合作。这一来就大大拓宽了他的科学研究领域。不久，他写出了*30*多篇科研论文。

为了使钱三强有更多的学习机会，约里奥—居里夫人又提议，让钱三强到其丈夫约里奥先生主持的法兰西学院的原子核化学研究所学习，并允许他一段时间在这里工作，一段时间到那里工作。

在约里奥先生实验室工作，不仅向先生学到科学技术，还学到他的科学思想、科学道德。这将使钱三强受益终生。

*1939*年*1*月的一天，约里奥教授让钱三强看一张照片，原来这是一张用云雾室拍下的铀受中子轰击后产生裂变的碎片的照片。这是当时第一张直接显示裂变现象的照片，是十分珍贵的。

不久，约里奥—居里夫人又邀请钱三强和她合作证明核裂变理论。在两位导师的指导下，钱三强很快完成了博士论文——《α粒子与质子的碰撞》。

*1940*年钱三强获得了法国国家博士学位。

钱三强是幸运者，能在两位世界第一流科学家的教诲下学习、工作，使他很快进入了科学研究的前沿，还使他亲眼目睹了人类一次伟大的科学发现——核裂变。

*1946*年春，钱三强与他的同行合作，经过反复实验，终于发现了铀核的三分裂和四分裂。这一发现不仅反映铀核特点，而且使人类能进一步探讨核裂变的普遍性。导师约里奥骄傲地说："这是第二次世界大战后，他的实验室的第一个重要的工作。"为此，*1946*年底，钱三强荣获法国科学院亨利·德巴微物理学奖。*1947*年升任法国国家科学研究中心研究导师。

毅然决定回国

11 年的勤奋使钱三强获得了最高的奖赏，也赢得了留法中国人中学术水平最高的地位。在这样优越的工作条件与生活条件下，他却要回国。

1948 年，钱三强找到中共驻欧洲的负责人刘宁一，提出要求回国的心愿。刘宁一鼓励他，"回国大有作为。"

钱三强也把自己要回国的打算告诉了导师约里奥。听了学生的要求，身为法国共产党员的约里奥满意地说："要是我，也会作出这样的决定。"钱三强又去向约里奥的夫人话别。约里奥—居里夫人语重心长地说："我俩经常讲，要为科学服务，科学要为人民服务，希望你把这两句话带回去吧！"

导师的话，成为他一生的座右铭。

钱三强临行前，两位导师在自己的花园里为钱三强夫妇钱行。

1948 年 *5* 月钱三强和他的夫人何泽慧，抱着刚半岁的女儿，带着丰硕的科研成果，带着导师的重托和法国同行的深情厚谊，离开了巴黎回国。还随身带着一份珍贵的文件，这就是导师给钱三强在法国学习与工作的鉴定。

鉴定是这样写的："钱先生表现出科研人员所具有的特殊素质，在我们共事期间，他的这些素质又进一步得到加强。他已完成了大量的研究工作，其中有些是非常重要的。他心智敏慧，对科学既有满腔热忱，又有开创精神。我们可以毫不夸张地说，在我们实验室实习并在我们领导下工作的同一代科学家中，他是最优秀的。我们曾委托他领导几批研究人员，他用自己的才华出色地完成了这项困难的任务，并受到他的法国和外国学生的爱戴。""我们的国家对于钱先生的才干也已承认，并先后赋予他重任，先是任命他为国家科学研究中心的研究员，接着又聘任他为研究导师。他同时也是法兰西科学奖的获得者。""钱先生还是一位优秀的组织者。他具备了研究组织工作的领导者所特有的精神、科学和技术素质。"

1948 年夏，钱三强带着法国朋友的友谊和祖国人民的殷切期望，回到了阔别了 11 年的祖国，迈上了新的里程。

珍贵的 5 万元美金

1949 年 3 月的一天，钱三强忽然接到一个通知，他要作为代表到巴黎出席保卫世界和平大会。钱三强想：这次去巴黎开会如果能遇到约里奥—居里老师，请她代为订购一些原子核科学研究的仪器设备，以及图书资料该有多好。钱三强抱着试试看的心理，向代表团联系人提出，需要约 20 万美元。4 天后，钱三强接到电话，请他到中南海。

在中南海，等候钱三强的是中央统战部部长李维汉，他热情接待了钱三强，并说："三强，你的想法很好，中央研究过了，决定给予支持。清查了一下国库，还有一部分美金，先拨 5 万美元供你使用……"听了李部长的话，钱三强心里久久不能平静，他埋怨自己太书生气。战争还没有结束，城市要建设，农村要发展，国家经济困难……哪有那么多外汇呢？

不久，钱三强拿到了为发展原子核科学事业的美元现钞，心中万分激动、兴奋。他深深地晓得这美元是经历了火与血的战乱，是刚刚从潮湿的库洞中取出来的，是来之不易的。

拿着这沉甸甸的美元，钱三强思绪万千，深深感到科学工作任重而道远。

重要的会议

中国科学院近代物理研究所成立后，钱三强先后担任了副所长、所长职务。

1955 年 1 月 14 日，钱三强和地质学家李四光应周总理召见来到总理办公室。周总理听取了李四光介绍我国铀矿资源的勘探情况，又听取了钱三强介绍原子核科学技术研究状况。周总理全神贯注地听完后，提出了有关问题。最后告诉钱三强和李四光，回去好好准备，明天毛主席和中央其他领导要听取这方面情况，可以带些铀矿和简单的仪器，做现场演示。

第二天，钱三强和李四光来到中南海的一间会议室，里面已经坐着许多熟悉的领导人，有毛主席、刘少奇、周恩来、朱德、陈云、邓小平、彭德怀等。这是一次专门研究发展我国原子能的中共中央书记处扩大会议。

会议开始了，毛主席开宗明义："今天，我们做小学生，就原子能问题，请你们来上课。"

李四光先讲了铀矿资源以及与原子能的关系。钱三强汇报了几个主要国家原子能发展的概况和我国这几年做的工作，并做了演示。大家看着实验，会场十分活跃。主席点上了一支烟，开始做总结：我们的国家，现在已经知道有铀矿，进一步勘探，一定会找到更多的铀矿来。我们也训练了一些人，科学研究也有了一定基础，创造了一定条件。过去几年，其他事情很多，还来不及抓这件事。这件事总是要抓的，现在到时候了，该抓了。只要排上日程，认真抓一下，一定可以搞起来。

会后，大家用饭，毛主席举着酒杯站起来大声说：为我国原子能事业的发展，大家共同干杯。

拿出自己的原子弹

1959 年 6 月 26 日苏共中央来信，拒绝提供原子弹的有关资料及教学模型。8 月 23 日，苏联又单方面终止了两国签定的新技术协定，撤走了全部专家，还讽刺："中国人 20 年也搞不出原子弹，只能守着一堆废钢铁。"

讽刺变成了动力，愤怒化作力量。中国科技工作者没有被吓倒。"自己动手，从头做起，准备用 8 年时间，拿出自己的原子弹"成了中国人民的誓言。钱三强作为原子核物理专家，和无数科学工作者一样，在困难面前没有低头，组织起数万名科学工作者及技术工人，向研制第一颗原子弹进军。

在苏联专家撤走后，周光召在国外召集数十名海外专家、学子，联名请求回国参战。他们归国后先后参与主持了理论的研究与实验研究工作。为了研究一种扩散分离膜，由钱三强领导成立了攻关小组，经过4年的努力研究成功，成为继美、苏、法之后第4个能制造扩散分离膜的国家。同时成功地研制了我国第一台大型通用计算机，成功地承担了第一颗原子弹内爆分析和计算工作。

在原子弹的整个研制过程中，浸透了钱三强的智慧与心血。他不仅为原子弹的研制做出了贡献，也为我国原子能科学事业的发展呕心沥血，为培养我国原子能科技队伍立下了不朽的功勋。

1964年10月16日，我国西部上空一朵蘑菇云升起——我国第一颗原子弹爆炸成功了。

中国人民终于造出了自己的原子弹。

12. 毕达格拉斯的故事

古代希腊著名的数学家毕达格拉斯，大约生于公元前582年，幼年时代是在希腊的萨漠斯岛度过的。他的父亲内萨库斯是一个富有的宝石雕刻匠和批发商。他跟父亲学会了在金属上雕刻花纹的手艺，但他从小最喜欢的是数学和音乐，并对几何学发生了浓厚的兴趣。

埃及的先进科学成就强烈地吸引了年轻的毕达格拉斯，他决意到埃及去旅行和考察。据公元前3世纪的亚历山大里亚博物馆的图书馆长卡利马科斯的记载，毕达格拉斯曾在埃及住过多年，并曾向埃及的祭司们学习过数学知识。毕达格拉斯在数学上的成就便是在吸收埃及的科学成就的基础上取得的。

毕达格拉斯把毕生的精力都花费在数学的研究上。他第一个使数学这门学科超出了商业需要的范围。他的刻苦钻研，推进了数学的发展，特别是对几何做出了卓越的贡献。他认为数目是数学中最基本的元素，把数分为奇数、偶数。毕达格拉斯提出了无理数的理论以及几何学上的点、线、面和空间的概念。他认定：在平面上以一点为中心可以延展成 6 个等边三角形、4 个直角三角形和 3 个正六边形，这是他在对周边事物进行细致观察的基础上，又经过独立钻研而得出的结论。

毕达格拉斯在数学上最突出的成就，是他发现了勾股定理，毕达格拉斯发现花砖上的直角三角形三边之间似乎存在着一种特殊关系。于是，它先在一条直角边上写个 a，在另一条直角边上写个 b，在斜边上写个 c，用 a、b、c 分别表示三角形三边的长度。相邻的两个黑色三角形组成一个正方形，面积为 $a \cdot a = a^2$，相邻的另两个黑色三角形又组成一个正方形，其面积为 $b \cdot b = b^2$，相邻又相间的 4 个黑白相间的三角形则组合成一个更大的正方形，其面积为 $c \cdot c = c^2$，而其面积又等于两个小正方形的面积之和。由此他得出了直角三角形三边之间的关系式：$a^2 + b^2 = c^2$。

毕达格拉斯在天文学上的研究成果，对后世也有影响。他认为宇宙的中心是"中心火"，月亮、地球和金、木、水、火、土五大行星环绕"中心火"旋转，它们运动的和谐，奏出一种"天体音乐"。他的这种关于天体运行的假说预示了后来地动说的理论。"天体音乐"预示太阳系各行星是有规律、有秩序的。他还发现了月球是从太阳取得光的。

毕达格拉斯还从事哲学研究，是古希腊第一个唯心主义学派的创始人，他提出一对对矛盾的范畴：有限与无限、一与多、奇数与偶数等。这些都为以后哲学的发展做出了一定的贡献。

毕达格拉斯的学说和思想不仅对后世影响非常深远，他那处处留心皆学问，善于思考，刻苦钻研的精神，更为后人树立了榜样。

13. 希波克拉特斯的故事

你可能没有听说过希波克拉特斯，但你一定知道心理学上将人的气质分为多血质、粘液质、胆汁质、抑郁质四种的说法，它的提出者就是被柏拉图称为"科斯岛的神医"、被亚里士多德称为"伟大的医生"的古希腊人——希波克拉特斯。

你可能不知道他的影响，那么请看公元 1948 年，世界医学大会通过了日内瓦宣言，并在次年把这个宣言定为国际医务道德规则，而这个宣言是以希波克拉特斯誓词为蓝本的。

誓词的主要内容是：我以阿波罗及诸神的名义宣誓，恪守誓约，矢志不渝。对授业之师，敬若父母，倘若需要，我要与他分享钱财，赡养其身，对其子嗣视若手足，如愿学医，我要热心教导，不图报酬。对我的儿子、老师的儿子以及宣誓立约的门生，我要悉心传授医学知识。我要恪尽全力，采取我认为有利于病人的医疗措施，不给病人带来痛苦和危害。不把毒药给任何人。我要清清白白地生活和行医。进入别人的家，只是为了看病，不为所欲为，不受贿赂，不勾引异性。对我看到或听到的不应外传的私生活，不管与我的医务是否相关，我决不泄露，严加保密。

两千多年来，这个誓词一直在流传着。世世代代的医生都这样宣誓过，它深远地影响着医务道德的建立。它的提出者希波克拉特斯被尊为"医学之父",是欧洲医学的奠基人。

希波克拉特斯出生于小亚细亚岛的一个医学世家,他从小便跟随父亲学医,日后又在广泛的游历过程中孜孜不倦地学习各地的民间医学,曾在故乡的科斯岛的医学学校里任教。

他的功绩主要在于把医学从宗教迷信中解放出来,奠定了科学的基础。在他之前,医学还禁锢在宗教迷信和巫术之中。人们认为疾病是神的"谴责",得了病就去求神问卜念符诵咒,不仅被骗走大量钱财,甚至还经常被延误治疗而死亡。癫痫症曾被人看作是"神病",希波克拉特斯却说,这种疾病一点也不比其他疾病神秘,而是与其他疾病一样,具有同样的性质和相似的起因。

他提出体液的学说,认为疾病是由构成人类机体的血液、粘液、黄胆和黑胆四种液体的不平衡引起的,体液的失调是由外界引起的。

他很注重研究自然环境同人的健康的关系。在著名的《论风、水和地方》一书中,希波克拉特斯指出,当一个医生进入一座城市时,首先应考虑这座城市坐落的方向、土壤、气候、风向、水源、水质、饮食习惯、生活方式等等,因为这些自然环境因素对人的健康状况起着重大的影响。他的这种看法很科学,至今仍为医学界一致称道。

希波克拉特斯把疾病看作是发展的现象,认为医生医治的不仅是疾病,更重要的是病人,不能见病不见人,舍本逐末。不仅要把握住疾病的症状,还要了解病人的气质、特征、生活方式等因素。他的名言"寄希望于自然"、"相信自然的康复力"表达了他所主张的"自然疗法"。他主张不要轻易用药,应尽量使身体自行恢复健康。为了使肌体自行康复,他认为调理好病人的饮食、摄取丰富的营养是非常重要的。由此,他驳斥了一些庸医让病人挨饿的荒唐做法。

希波克拉特斯对外科手术研究也有开创性的贡献。在他所生活的时代，解剖尸体被宗教和习俗所不容，但他大胆地冲破禁令，秘密进行了人体解剖，从而获得了许多关于人体结构的知识，为外科学的发展积累了宝贵的资料。他留下了《骨折》、《关节复位》等著作，记载了各种骨折病例和脱臼复位的方法。他最珍贵的外科著作是《头颅创伤》，希波克拉特斯根据亲自实践得来的经验，用精确的语言记载了对头骨损伤和裂缝等病症施行手术的方法。

医学概念"预后"是由希波克拉特斯第一次提出来的，他有一篇名为《预后》的专著，讲到医生不但要对症下药，而且还要根据对病因的解释，预告疾病发展趋势及可能产生的后果和康复的情况。这种思想是很先进的。

希波克拉特斯终其一生留下了十分丰富的医学著作，留传至今有 60 卷，涉及解剖学、病理学、各种临床诊断、妇科、儿科疾病、外科手术、饮食与药物治疗、预后、医务道德等许多方面，总名为《希波克拉特斯文集》。他的著作表现出朴素唯物主义辩证法的思想，在近代医学产生之前，一直被当作医学教学的基本教材而广泛流传。

希波克拉特斯的《箴言》也被人们广泛传扬着。如"人生短促，技艺长青"、"机遇诚难得，试验有风险，决断更可贵"、"无故困倦是疾病的前兆"、"沉疴需猛药"、"暴食伤身"、"简单而可口的饮食比精美但不可心的饮食更有益"等至理名言对于人们的养生、保健、事业等方面都有积极的作用。

希波克拉特斯的精湛的医术、高尚的人品获得人们普遍的尊重。曾有一个动人的小故事反映了希波克拉特斯在人民心目中的光辉形象：传说希波克拉特斯与古希腊杰出的唯物主义哲学家德谟克利特交情颇深。由于德谟克利特专心于他钟爱的自然科学和哲学研究之中，他的族人为了霸占他的财产，便以患疯癫症以及败家的罪名对他提出控告。希波克拉特斯信以为真，立刻赶来为好友治病，可是见面之后，德谟克利特侃侃而谈，涉及哲学、政治、外交各个方面，更谈到了医学。他对医学有精深的研究，并用他创立的原子论来解释疾病。希波克拉特斯恍然大悟，明白了这是一个骗局，在他面前的德谟克利特是一位非凡的思想家，而不是他族人所说的疯癫病患者。于是，希波克拉特斯心中充满义愤，他决心一定要为好友洗清冤屈。法庭上，希波克拉特斯义正辞严地指出："德谟克利特不是疯子，如果非要说有什么毛病的话，那就在你们这些居心不良的人身上，我以我的名誉做保证！"那些被希波克拉特斯说中的人无可奈何地垂头不语，法庭最终宣告德谟克利特无罪释放。从此这两位巨人联系得更紧密了。

可惜的是，关于希波克拉特斯生平的材料很少，连他的生卒年月都不能很精确地了解，约为公元前460年到公元前377年。但毫无疑问，希波克拉特斯将永远名垂青史。

14. 希帕克斯的故事

历史上把亚历山大帝国建立（公元前330年）至罗马征服希腊为止的一段时间称作希腊化时期。这一时期诞生了天文学之父——希帕克斯。

希帕克斯在公元前160年至前127年间先后在罗德斯和亚历山大里亚工作。他的著作和生平事迹都不完整，在托勒密的著作里，人们可以看见希帕克斯的早期开创性工作。

他利用早期希腊和巴比伦的记录进行了天文研究，准确性很高。他还发明了许多仪器，进行科学的观测。这一时期的天文学已经进入"观测天文学"阶段，天文学进入科学意义上的研究，而希帕克斯正是这种意义上的天文之父。

希帕克斯本来在亚历山大里亚，但埃及托勒密王朝走向衰落，人们对学术不像原来那样关心，统治者也不加重视，所以希帕克斯来到了爱琴海南部的罗得岛。在这座岛上，他建立了观象台，开始天文观测。他运用三角函数等方法计算出月地距离，还编制了世纪太阳月亮运动表，用来推测日食月食十分准确。他求出了 *1* 年的准确时间，与现在的精确时间几乎一般无二，只差 *6* 分钟。在希腊人中，希帕克斯是第一个按照巴比伦的方式把天文仪器上的圆周分成 *360* 度的。

希帕克斯创立了球面三角这门数学工具，使几何模型精确成数学描述，希帕克斯还提出了把恒星划分成 *6* 个级别。

希帕克先假设地球是中心，然后说明，只要假定日、月、行星等每一个天体都在一个轨道，即本轮上运动，而这一轨道又在一个大得多的圆轨道，即均轮上，围绕着地球运行，这就可以解释行星的亮暗问题。根据直接观察，可以确定这些轨道的大小。这就是本轮均轮系统，比起繁琐的同心球宇宙模型要更科学更简单。虽然他的出发点也有很多错误，但是这种思路却是更接近真实正确了。

希帕克斯根据相似三角形的成比例原理，发明了三角函数，提出了正弦、正切等概念。他把三角平面推广成球面，这是一个创举。

希帕克斯提出的天文运行系统在托勒密那里集为大成，直到 *1400* 年后才让哥白尼推翻。他虽然有很多错误，但是他继神话天文学和经典天文学后，取得了观测天文学的巨大成就，这是划时代的，他仍然是希腊最伟大的天文学家。

15. 欧几里得的故事

公元前 *337* 年，马其顿国王腓力二世用武力征服了希腊各城邦。

次年亚历山大即位，在很短的时间内，他继承父业，开创了一个横跨欧、亚、非三大陆的马其顿王国。在地中海沿岸的尼罗河三角洲上，亚历山大建立了以他名字命名的城市——亚历山大城，并把它作为这个庞大帝国的文化、商业和工业中心，同时也是科学思想的中心。这儿有称誉世界拥有 70 万卷藏书的图书馆，还有博物馆、天文台和闻名天下的博学园，成为当时欧洲乃至世界数学的中心。欧几里得就是被亚历山大的后继者——托勒密一世重金聘请到博学园的教师。

欧几里得本人始终是个难解的秘密。无人知道他的生死年月和诞生地，惟一可以确定的是他在托勒密一世（公元前 305 年至公元前 285 年）执政期间在亚历山大城工作过。根据一些间接的记载推测，欧几里得早年可能在雅典接受过教育，而且曾就学、工作于柏拉图学院，因此熟知希腊的数学知识。

古籍中记述了两则故事说明了欧几里得的治学态度。一个故事说：有一天，托勒密国王问欧几里得，除了他的《几何原本》之外，有没有其他学习几何的捷径。欧几里得回答道："几何无王者之道。"意思是在几何学里，没有专门为国王铺设的大路。这句话后来被引申为"求知无坦途"，成为千古传诵的箴言。另一个故事说：一个学生才开始学习第三个几何命题，就问学了几何之后将得到些什么。欧几里得说："给他三个钱币让他走吧，因为他只想在学习中获取实力。"从古籍记载的这两则故事可知，欧几里得主张学习必须循序渐进、刻苦钻研，不赞成投机取巧、急功近利的作风。

欧几里得是一个杰出的科学家，他标志着当时的科学中心从雅典过渡到了亚历山大城。欧几里得的名字与几何学是不可分割的，因为他写了一本几何教科书《几何原本》，此书至今还是几何学的权威著作，当然也经过一些修改。印刷术发明后，出过一千多版。"我学了欧几里得"就是"我学了几何学"的同义语，这句话并非很久以前说的。所以，欧几里得是最成功的不朽的几何教科书作者。

然而欧几里得作为一位数学家的盛名，并非由于他本人的研究成果。在他书中，只有极少的定理是他自己创立的。他所做的一切，以及使他成为伟大的数学家的，就在于他利用了泰勒斯时代以来积累的数学知识，把两个半世纪的劳动成果条理化、系统化，并且编纂成了一本著作。在编写此书时，他一开始就推出一系列令人钦佩的简要而精致的公理和公式。然后他将定理一一排列，其逻辑性非常强，几乎无需改进。

历来公认归功于欧几里得本人的惟一定理，就是他为毕达哥拉斯定理提出的证明。虽然他的这一伟大论著主要涉及几何学，但也提出了比率和比例的问题，以及现在为大家所知的数论问题，正是欧几里得证明了素数是无限的。他还通过一系列干脆利落至今尚未做过任何改进的论证，证明了 2 的平方根是无理数。他还通过将光视为直线，使光学成为几何学的一部分。当然欧几里得并没有概括希腊的全部数学，甚至也没有概括全部几何学。继他之后，希腊数学在相当长时期内，一直生气蓬勃，像阿波洛尼乌斯和阿基米德等人，都为数学增添了一大笔财富。

后来的哥白尼、开普勒、伽利略、牛顿这些卓越的科学人物，通通都接受了欧几里得的传统。他们都认真地学习过欧几里得的《几何原本》，并使之成为他们数学知识的基础。欧几里得对牛顿的影响尤为明显。牛顿的《数学原理》一书，就是按照类似于《几何原本》的"几何学"的形式写成的。自那以后，许多西方的科学家都效仿欧几里得，说明他们的结论是如何从最初的几个假设推导出来的。许多数学家，像伯莎德·罗素、阿尔弗雷德·怀特海，以及一些哲学家，如斯宾诺莎也都如此。

除《几何原本》外，欧几里得还有不少著作，如《已知数》、《图形的分割》、《纠错集》、《圆锥曲线》、《曲面轨迹》、《观测天文学》等，可惜大都失传了。不过，经过两千多年的历史考验，影响最大的仍然是《几何原本》。

16. 阿基米德的故事

公元前287年，阿基米德出生于地中海中部的西西里岛。阿基米德长到7岁的时候，父亲为他请了最好的教师，教他数学、天文学、哲学和文学。在阿基米德11岁的时候，菲迪阿斯将他送往埃及深造。群众中流传的伊索寓言、荷马史诗，是阿基米德最爱听的故事。这些故事给了他智慧。

阿基米德来到亚历山大的时候，欧几里得已经去世，他的学生埃拉托色尼便成了阿基米德的老师。师生之间感情甚洽，他们一起讨论数学、天文学、力学方面的问题，一起看戏剧，听音乐。每当风和日丽之时，他们还一起去散步或游览尼罗河。就在这种融洽的关系中，阿基米德的知识和智慧一天天丰富起来。

阿基米德从11岁去亚历山大学习和工作，直到47岁才回到叙拉古，时间是公元前240年。在这时正是他的创造力最旺盛的时期，他被委任为亥厄洛国王的顾问，继续从事数学和力学方面的研究。

在阿基米德记有他静力学研究成果的《论平面的平衡》一书中，他从一系列公理出发，推证出物体 A、B 的最重 m_A、m_B，与它们分别到支点 O 的距离 OA 和 OB 有如下关系：

$$\frac{m_A OB}{m_B OA}$$

这就是著名的杠杆原理。阿基米德非常欣赏自己的这一发现。据说，他曾以这样的豪语评价杠杆的作用："给我一个稳固的支点，我就能把地球挪动!"

阿基米德在流体静力学研究上取得的一个最伟大的成就是发现了浮力定律。

他著成了《浮体论》这部流体力学的经典著作。在这本书中,他提出:"任何浸在水中的物体,它在水中失去的重量等于它所排开的水的重量。"换句话说就是:"一个密度小于水的物体,用力使它下沉,就要克服一种向上的浮力。浮力的大小,等于它所排开的水的重量。"这就是浮力定律,又称阿基米德定律。这一定律,不仅仅对于水,对一切液体、气体都适用。

阿基米德设计和制造成功了一种省力的提水机械:让一个斜面绕在一根轴上,构成一个类似现在的螺杆式的东西。螺杆置于一个两端开口的圆筒内,一端装有可使螺杆转动的摇柄。这时,只要把圆筒的下端置于水中,再用力轻轻摇动螺杆,水就会沿着螺纹的斜面爬升,直到从圆筒的上端流出来。从此,这种机械被称之为"阿基米德螺旋提水器"。为了保卫祖国,他把自己的晚年全部献给了抵御敌军的器械的研究,先后研制成功投石机、回转起重机等武器,一次又一次地打败了罗马军队的进攻。

由于阿基米德所发明的种种武器的威力,终使罗马军队攻占叙拉古的意图长期未能得逞。罗马的海军统帅马塞拉斯在吃了多次败仗以后,沮丧地说,阿基米德这个"几何学妖怪"使我们出尽了洋相。

阿基米德用他的智慧照亮了蛮荒时代的天空,使文明的曙光照耀着欧洲大地。他像一个纯真的孩童,沉醉在科学的翱翔中,浑然不受名利的影响,甚至连死亡的阴影也不能遮挡这种为科学而献身的巨大喜悦和幸福。

17. 克里斯托弗·哥伦布的故事

因为一群勇敢的水手，世界上两个孤独的半球不再孤独，在文明的流动里，世界从此趋向完整。

自古以来，亚欧之间的贸易商道以中东为必经之地。15 世纪末至 16 世纪初，欧洲人开辟了不经地中海，绕过非洲南端经印度洋直达东方以及横渡大西洋前往美洲的航路，后来又完成了经美洲南端穿越太平洋、印度洋到达欧洲的环球航行，这一连串的事件总称为"新航路的开辟"。

新航路的开辟有着深刻的经济和社会根源。15 世纪，由于商品经济的发展和资本主义的萌芽，欧洲各国对货币的需求量大大增加。欧洲人狂热地追求货币，渴望获得制造货币的黄金。自从《马可·波罗游记》在欧洲流传以来，欧洲贪婪的贵族、商人和新兴的资产阶级纷纷将目光投向东方。新航路的开辟正是在西欧人寻求黄金的狂热下出现的。此前，西方通往东方的重要商路有三条：一条在北部，经小亚细亚、黑海、里海至中亚细亚；一条在中部，从地中海东岸经两河流域至波斯湾，再从海路到达东方各地；还有一条在南部，经埃及的亚历山大港到红海，再从海路到东方。北部的一条被土耳其人占据着，另外两条被阿拉伯商人控制着。长期以来，欧洲的贵族和商人迫切希望开辟一条绕过地中海东岸，直接到达中国和印度的新航路。

葡萄牙和西班牙是开辟新航路的急先锋。15 世纪初年，葡萄牙便开始沿非洲西海岸向南航行，70 年代抵加纳，80 年代到达刚果和安哥拉。1486 年，葡萄牙人巴托罗缪·迪亚士船长率 3 艘轻便帆船出航，于次年初抵达非洲的最南端好望角，因遇风暴折返里斯本。1497 年 7 月 8 日，在葡萄牙新国王支持下，达·伽马率领 4 艘帆船组成的船队从里斯本起航，沿着迪亚士走过的航线向南航行，11 月份抵达好望角，然后绕过好望角沿非洲东海岸北上，次年 3 月到达马林狄港。在阿拉伯商人的领航下，达·伽马的船队循着阿拉伯和中国海员熟悉的航线方向，横渡印度洋，于 1498 年 5 月 20 日抵达印度西海岸的卡利库城。至此，欧洲直达印度的航路开通。

与此同时，西班牙另辟途径，向西探航。1492 年 8 月 3 日，克里斯托弗·哥伦布受西班牙国王派遣，带着给印度君主和中国皇帝的国书，率领三艘百十余吨的帆船，从西班牙巴罗斯港扬帆出大西洋，向正西航去。经七十昼夜的艰苦航行，1492 年 10 月 12 日凌晨终于发现了陆地。哥伦布以为到达了印度。其实，哥伦布登上的这块土地，属于现在中美洲加勒比海中的巴哈马群岛，哥伦布当时把它命名为圣萨尔瓦多。

1493 年 3 月 15 日，哥伦布回到西班牙。此后他又三次重复他的西向航行，又登上了美洲的许多海岸。直到 1506 年逝世，他一直认为他到达的是印度。后来，一个叫做亚美利哥的意大利学者，经过更多的考察，才知道哥伦布到达的这些地方不是印度，而是一个原来不为人知的新的大陆。哥伦布发现了新大陆，但是，这块大陆却用证实它是新大陆的人的名字命了名：亚美利加洲。

1519 年 9 月，葡萄牙没落贵族费尔南多·麦哲伦在西班牙国王支持下，率 265 名船员分乘 5 艘陈旧船只从西班牙塞维利亚城的外港圣·卢卡尔港起航，开始了西航绕过美洲驶向摩鹿加群岛的计划。11 月底船队到达巴西沿岸。次年初抵达拉普拉塔河口和阿根廷的圣马台湾。1520 年 10 月船队驶入美洲南端海峡。从 11 月底到次年 3 月初，船队在风平浪静、一望无垠的太平洋上连续航行 3 个多月。1521 年 3 月，船队抵达马里亚纳群岛和菲律宾岛。11 月份航抵摩鹿加群岛中的帝多利岛。残存的船员装了一船香料后，乘坐残存的"维多利亚号"经印度洋启程回航，次年 9 月抵西班牙的圣·卢卡尔港时生还者仅 18 人。这样，经过为时近 3 年的航行，从欧洲横渡大西洋、经太平洋和印度洋返回欧洲的环球航路终于开通。

从欧洲绕过非洲或绕过南美洲到达亚洲的新航路的开辟，证实了地圆学说，对于科学技术的发展和人类宇宙观的更新具有重大意义。

18. 尼古拉·哥白尼的故事

尼古拉·哥白尼（1473～1543 年），波兰天文学家，日心说的创立者，近代天文学的奠基人。

哥白尼 10 岁丧父，18 岁时进克拉科大大学，受到人文主义者、数学教授布鲁楚斯基的熏陶，三年后回到故乡。当时已任埃尔梅兰城大主教的瓦琴洛德，派他去意大利学习教会法规。1497～1500 年间他在波洛尼亚大学读书，除教会法规外，还研究多种学科，尤其是数学和天文学。

哥白尼在意大利的时候，因舅父的推荐，1497 年被选为弗龙堡大教堂僧正。1501 年他从意大利回国，正式加入神父团体。随即他又请假再次去意大利，在帕多瓦大学，同时研究法律与医学。1503 年，他在费拉拉大学获得教会法博士学位。1506 年，哥白尼回到波兰，1512 年，定居在弗龙堡。作为僧正，哥白尼把大部分精力都用在天文学的研究上。哥白尼从护卫大教堂的城墙上选一座箭楼做宿舍，并选择顶上一层有门通向城上的平台作为天文台。

当时的欧洲正处在黑暗的中世纪的末期。亚里士多德－托勒密的地心说早已被改造成为基督教义的支柱。然而，由于观测技术的进步，当时一些具有进步思想的哲学家和天文学家都对这个复杂的体系感到不满。哥白尼也接受了这种进步思想。他在意大利时研究过大量的古希腊哲学和天文学著作。他赞成毕达哥拉斯学派的治学精神，主张以简单的几何图形或数学关系来表达宇宙的规律。了解到古希腊人曾有过地球绕太阳转动的学说，他受到很大启发。他分析了托勒密体系中的行星运动，发现每个行星都有三种共同的周期运动：一日一周、一年一周和相当于岁差的周期运动。他认为，如果把这三种运动都归到被托勒密视为静止不动的地球上，就可以消除他的体系里不必要的复杂性。因此，哥白尼建立起一个新的宇宙体系——日心体系，即太阳居于宇宙的中心静止不动，而包括地球在内的行星都绕太阳转动。哥白尼把统率整个宇宙的支配力量赋予太阳，各个天体则都有其自然的运动。他系统而明晰地批判了地球中心说，并且从物理学的角度对日心地动说可能遭到的责难提出了答复。

哥白尼用了"将近四个九年的时间"去测算、校核、修订他的学说。但是，他迟迟不愿将他的《天体运行论》公开出版。因为，他知道他的书一经刊布，便会引起各方面的攻击。当哥白尼终于听从朋友们的劝告，将他的手稿送去出版时，他想出一个办法，在书的序中写明将他的著作大胆地献给教皇保罗三世。

《天体运行论》还有另外一篇别人写的前言。当时哥白尼已重病在身，他辗转委托教士奥塞安德尔去办理排印工作。这位教士为使这书能安全发行，假造了一篇无署名的前言，说书中的理论不过是为编算星表、预推行星的位置而想出来的一种人为的设计。这个"眯眼的沙子"起了很大的作用，在半个多世纪的时间里，骗过了许多人。1542年秋，哥白尼因中风而半身不遂。1543年，当一本印好的《天体运行论》送到他的病榻的时候，他已处于弥留之际了。

《天体运行论》出版后很少引起人们的注意。一般人不能了解，而许多天文工作者则只把这本书当作编算行星星表的一种方法。《天体运行论》在出版后的 70 年间，虽然遭到马丁路德的斥责，但未引起罗马教廷的注意。后因布鲁诺和伽利略公开宣传日心地动说，危及教会的思想统治，罗马教廷才开始对这些科学家加以迫害，并于公元 1616 年把《天体运行论》列为禁书。然而经过开普勒、伽利略、牛顿等人的工作，哥白尼的学说不断获得发展，恒星光行差、视差的发现，使地球绕太阳转动的学说得到了令人信服的证明。

　　哥白尼的学说不仅改变了那个时代人类对宇宙的认识，而且从根本动摇了欧洲中世纪宗教神学的理论基础。"从此自然科学便开始从神学中解放出来"，"科学的发展从此便大踏步前进"。

19. 斐文南·麦哲伦的故事

　　斐文南·麦哲伦 1480 出生于葡萄牙北部俄伯尔多一个贫穷的骑士家庭，大约 10 岁左右他被父亲送进王宫服役。1492 年正当哥伦布远航美洲发现新大陆之年，麦哲伦被选为王后侍童，随国王、王后周游全国各地。麦哲伦出生、成长的时代正是人类历史大变革时期。1486 年葡萄牙迪亚士已到达非洲南端好望角，1492 年哥伦布发现了美洲。于是探险队一个接一个应运而生，数百艘航船接二连三地驶出西班牙的加的斯、帕洛斯和葡萄牙的里斯本。无名土地的发现超过了人类有史以来几十万年期间发现的地域，地理学发生翻天覆地的变化，世界地图随新资料接踵而至则日新月异。这正是探险家、航海家辈出的时代。参加远洋探险，对年轻的麦哲伦有极大的吸引力。

约1496年，麦哲伦被编入国家航海事务厅。这个机关正在为达·伽马的远航探险进行秘密准备工作。麦哲伦来到这里开始学习积累航海方面各项知识和经验，并熟悉新大陆、非洲、亚洲的航海图与丰富的航海资料，麦哲伦为加入探险活动而跃跃欲试。

1505年3月25日，一支野心勃勃的武装舰队，肩负着为使小小的葡萄牙变成为世界最大帝国，彻底征服东方的狂妄使命而驶离里斯本港口。由被授予印度总督头衔阿尔麦达率领，它拥有20艘大小帆船，2000多成员。麦哲伦在其中仅为一名普通水手，这是他毕生探险事业的开端。麦哲伦作为普通水手，什么活都干，在暴风雨中收帆、排水，在烈日下修工事、搬货物，参加海战、陆战、攻城、修商站等。他接触各种人物，了解所经过的地域、海洋和有关的天文知识。1506年在印度的科那诺尔战役中，麦哲伦受伤，不久被转移到非洲，约1507年回到里斯本。那遥远的异乡风情、探险生涯令他神驰心往，他渴望下一次远航。

1509年麦哲伦再次加入一支企图夺取马六甲的舰队，在马六甲遭到苏丹的突然袭击，因一位船长机警，麦哲伦的英勇果敢，舰队未全军覆没，仅丧失全部小艇与1/3船员。1510年麦哲伦参加围攻印度果阿的战争，已升为船长。1511年麦哲伦参加第二次对马六甲的远征，经过6周激战，葡萄牙占领马六甲，进而控制整个东方贸易。1512年麦哲伦回到里斯本，已是一位很有经验的海员。1513年他作为一名下级军官随军攻打摩洛哥要塞阿泽莫尔的陆战，因受伤成终身跛脚。1514年回国后的麦哲伦两次上奏国王要求晋级和增加年金，均遭到国王冷漠地拒绝了。国王冷冷地对麦哲伦说："葡萄牙宫廷根本不需要你效力。"如果他离开宫廷和葡萄牙，谁也不会介意。

在麦哲伦像叫花子一样被赶出宫廷后不久，结识一位宇宙学者法利罗，这人是个地道的理论家，他未上过舰船，也不会升帆，但他制作的海图、星盘和许多航海工具堪称一流，对麦哲伦帮助不小。这期间，麦哲伦根据已故葡萄牙皇家制图家贝格依姆绘制地图，深信美洲南部有一条海峡联系大西洋与南海（即太平洋），麦哲伦与法利罗正制定从西部航行至东方"香料群岛"（马鲁古群岛）的航海计划。1517 年 10 月 20 日，麦哲伦破釜沉舟离开了葡萄牙抵达西班牙的塞尔维亚，拜访要塞司令巴尔波查（也是葡萄牙人），受到巴尔波查全家热情接待（次年巴尔波查女儿俾脱利兹成为麦哲伦的妻子）。由于有这样的靠山，麦哲伦又与印度院主管阿朗大私下达成协议，法利罗也来到塞维利亚。1518 年 3 月 22 日，西班牙国王查理一世与麦哲伦、法利罗签署协定：两人享有未勘察过海洋开拓土地专有特权；可得到他们新发现土地全部收入的 1/20；如发现六座以上岛屿，他们有权占有其中两座；他们两人及其子辈和继承人享有这些土地和岛屿总督的封号。国王答应装备 5 艘议定吨位的船只，两年内保证充分供应船上所需的全体船员、粮食和火炮。

经过一年多的筹备及排除葡萄牙的外交干扰，在 1519 年 9 月 20 日麦哲伦率领 5 艘装备充足的帆船，265 名成员，告别了妻儿从圣路卡尔港扬帆出海。10 月 3 日船队离开加那利群岛特内里费。在起航前，麦哲伦的岳父派一艘轻快帆船送一封密函给他：舰队中几位西班牙船长秘密策划途中反对麦哲伦，阴谋头子是舰队中最大的"圣安东尼奥"号船长卡尔塔海纳。这是麦哲伦一生中收到的最后一封信，给艰辛的航程上又加上一点阴影。

舰队 12 月 13 日抵达巴西的里约热内卢。在航行途中，卡尔塔海纳借航线问题与麦哲伦争吵，又明显表示不承认麦哲伦领导权，麦哲伦找借口请四位船长上旗舰"特里尼达"号上来，突然抓住卡尔塔海纳，撤去他船长职务，并将他交给另一位船长缅多萨看管起来。巴西的富饶和美丽的风光以及土著居民的和平使船员恋恋不舍。舰队于 12 月 26 日离开里约热内卢继续向南航行，至 1 月 10 日抵达拉普拉塔河口，这就是贝格依姆地图上海峡所在地，结果显然是个错误，花了整整两周时间仅发现它是一条大河。船队继续向南航行，麦哲伦沿途调查每一个海湾。2月24日，船队抵马提阿斯湾，麦哲伦的一线希望又扑灭了。3月31日船队抵达圣胡利安湾，麦哲伦决定停泊过冬。这里满目荒凉，寒风刺骨，海峡渺无踪影，麦哲伦还下令缩减口粮，于是阴谋在船员们满腹牢骚中形成。当时"圣安东尼奥"号船长是麦哲伦表弟麦斯基塔。西班牙船长凯萨达和卡尔塔海纳在4月1日深夜带30名武装人员悄悄登上"圣安东尼奥"号，抓住麦斯基塔，以铁链锁住全部葡萄牙人。这样西班牙船长控制3艘船。面对严峻形势的麦哲伦采取周密计划果敢行动先夺取"维多利亚"号，然后迅速粉碎了叛乱，并审判处决凯萨达船长，而把卡尔塔海纳与一名煽动不满情绪的神甫留在荒无人烟的圣胡利安湾海岸（留下一些食物）让他们自生自灭。8月24日船队起航南行（"圣地亚哥"号在5月间探航时沉没了）。1520年10月2日，麦哲伦的舰队终于发现了他要找的海峡（后来被称为麦哲伦海峡），11月8日"圣安东尼奥"号船叛逃回国，11月28日船队通过海峡进入南海，因海面风平浪静，故船员叫它太平洋。面对这个陌生的、一望无际的大海，一向沉默刚强的麦哲伦也不禁热泪夺眶。

船队进入太平洋后，整整3个月在烈日当空、茫茫无垠的大洋中航行，粮食一天天减少而且发霉，淡水发臭，船员们得坏血病至少死去19人。终于在1521年3月6日船队抵达关岛，3月17日在菲律宾群岛萨马岛靠岸。3月28日麦哲伦在马索华岛抛锚，岛上土王卡兰布与他友好交往。在卡兰布建议下，船队于4月7日驶抵宿务岛，与岛上土王胡马波纳订盟，麦哲伦一边与岛上居民贸易，一边让胡马波纳家族及其他岛上土王受洗加入基督教。但马坦岛土王西拉布拉布早已对宿务岛统治者不服，麦哲伦为显示自己的威力，竟亲自带了60名水手企图镇压西拉布拉布，他又狂妄自大不要宿务岛土王的支援。

1521 年 4 月 27 日夜，麦哲伦仅带 60 名全副武装的西班牙士兵对 1500 名岛民以长矛、梭镖、石头、泥块等为武器的战争，结果麦哲伦被一支毒箭射中大腿，梭镖、石头纷纷向他投来，船上大炮无济于事，小船又不能靠近，岛民蜂拥而上把麦哲伦杀死在地上。麦哲伦死后，西班牙人与当地酋长及居民关系紧张起来，又被杀死许多人，人数只剩下 150 人，于是"康塞普逊"号被牺牲毁掉。两条船驶抵马鲁寸群岛。"特里尼达"号不能继续航行，最后由埃里卡诺率"维多利亚"号于 1522 年 2 月 13 日离开帝汶岛回国。经 5 个多月抵佛得角群岛，发现"葡萄号"想强占"维多利亚"号，埃里卡诺只好立刻起锚开船，船上只有 18 人，终于在 1522 年 9 月 6 日船驶回圣路卡尔港，完成了历史上第一次伟大的环球航行。

麦哲伦将航海事业推向高峰，环球航行的完成证明了地圆说，第一次横越太平洋为以后地理学、海洋学发展有重要贡献。大大促进世界文化的交流，促进西欧资本主义的发展。作为航海家他的贡献是划时代的，但作为殖民主义者他使菲律宾较长时期受西班牙奴役，他本人也为此目的葬送性命。

20. 法兰西斯·韦达的故事

16 世纪末，法国同西班牙开战。在战争中，西班牙采用密码通讯，符号非常复杂，他们还用这些密码同法国国内的特务联系，致使法国情报泄露，法军节节败退，西班牙步步紧逼。

法军截获了西班牙的一些秘密信件，但人们看到的是天书般的符号，谁也弄不懂。法国国王亨利四世请著名的国务活动家、律师法兰西斯·韦达帮忙。韦达在当时已很有名声，他是一位业余数学家。韦达利用代数知识，破译了一份很重要的西班牙情报，法军扭转了战局，不出两年，西班牙战败。

西班牙的宗教裁判所认为韦达施展妖术，认定韦达背叛了上帝，要把他处以火刑。但是韦达身在战胜国法国，西班牙奈何不了他。

韦达的所有空闲时间都在研究数学，有时为了解决一个问题，他可以几天不睡觉。据说，韦达还以他精湛的数学知识，为国家赢得了荣誉。

当时，比利时也有一位数学家叫罗梅纽斯，他也深受国民推崇，国王感到很自豪。一次比利时使节向法国国王夸口："你们国家的数学家没人能求解我国数学家罗梅纽斯一个关于 45 次方程的问题。"这道题是 1573 年罗梅纽斯在《数学思想》一书中提出来的。

法国国王下令国内数学家求解此题，但很长时间过去了，没有人报告结果，国王心里闷闷不乐。一天，韦达与国王交谈，国王提起这件事情，并把方程给韦达看，结果韦达在几分钟内求出了答案。国王高兴地夸道："韦达是我国乃至全世界最伟大的数学家。"当场奖赏韦达 500 法郎。

1591 年，韦达出版了《分析方法入门》一书。这部书中，韦达不但使用字母表示未知数，还使用字母表示方程中的各项系数，发展了解二、三、四次方程的统一方法，以及根的各种变换。这是人类历史上第一部符号代数学，它明确区分了"类的算术"和"数的算术"，划分了代数与算数的界限，人们因此称韦达为"代数之父"。

韦达常使用代换法解方程，他只承认方程有正根，因此不能完全认识方程的全部解，他的解法接近了现在的一元二次方程根与系数的关系。为了纪念他，人们把根与系数的关系公式叫"韦达定理"。

韦达于 1540 出生在法国的丰特内，他本名叫法兰西斯·韦沃特。韦达是他的拉丁文名字。韦达生前写出不少著作，但多数没有出版发行。他利用《几何原本》第一个提出了无穷等比级数的求和公式，发现了正切定律、正弦差公式、纯角球面三角形的余弦定理等。

大数学家笛卡尔说："我继承了韦达的事业。"

21. 第谷·布拉赫的故事

第谷·布拉赫——这个贵族的孩子，不当高官、不图权势，把自己的一生全部献给了天文观测事业，成了世界天文学界的奇才。

哥白尼的《天体运行论》发表以后一直面临着来自两个方面的反对：一是权威的反对，一是常识的反对。尽管有布鲁诺这样的知识分子接受了这一全新的宇宙体系，然而在整个社会上，它的影响并不很大。因此，事实上一直到公元 1616 年以前，罗马教庭还根本没有感觉到哥白尼的日心体系有多么危险。

在这半个多世纪的时间里，教会对《天体运行论》一直是容忍的态度，所以哥白尼的日心体系一直在天文学界和一部分知识分子中间传播着。在这段时期内，哥白尼革命只具有一种十分强大的、潜在的革命意义。它需要逐渐地被揭示出来，才能成为整个天文学革命——科学革命的号角。

把哥白尼革命的全部意义展示出来，逐步使得他的日心体系进一步完美，而且更加精确化的是德国著名天文学家约翰·开普勒。但是，在哥白尼和开普勒之间还有一个十分重要的中间环节，这就是被后人称之为"近代天文学之父"的丹麦著名的天文学家第谷·布拉赫。

第谷·布拉赫 1546 年出生于丹麦斯坎尼亚省的一个贵族家庭。他的父亲是一个律师，他还有一个伯父，在丹麦是一个有钱有势的旧贵族。由于他的伯父没有儿子，第谷从小就过继给了他的伯父。

第谷的伯父很有地位，而且也非常有钱。因此他既不希望第谷经商，也不希望第谷成为一个学者，而是一心希望第谷搞政治，做大官，以后好光宗耀祖，继承自己的旧贵族的衣钵。

第谷在十三岁那年被送到首都哥本哈根上了大学。名义上是学哲学和修辞学，实际上只不过是学一点儿官场上为人处世，应酬答对的极庸俗的东西而已第谷对这一套可没兴趣，他从小在伯父家里长大，看透了旧贵族官场上的那套鬼把戏，官场里旧贵族之间争权夺势、勾心斗角、尔虞我诈、丑态百出的事儿在第谷看来肮脏极了。因此，他不但没有好好学习些什么修辞学和那些处世之道，反而迷上了研究遥远太空的学问——天文学。

事情的起因是这样的。

1560 年 8 月，丹麦首都哥本哈根的天文观象台预报：本月 21 日将发生日食，在哥本哈根就可以观测到。

十四岁的第谷·布拉赫和其他许多有着强烈的好奇心的青少年一样，抱着很大的兴趣等待着这一天的到来。果然，1560 年 8 月 21 日，哥本哈根的人们看到了这次日食，这件事引起了第谷的深思。他想：既然能预先测出日食发生的时间，那么天体的运行一定是有规律的，如果我能够探索出这神秘的规律，探索出这宇宙的奥秘该多么好啊！从那以后，他真的迷上了天文学。

第谷不仅经常观测天象，而且还阅读了大量的天文学著作。古希腊时期的托勒密的《天文学大全》使他如获至宝，他成了一个托勒密的崇拜者。由于他不走"正路"，不想好好学"做官"，反而迷上了天文学，使他的伯父十分不满。

为了把第谷引上仕途之路，让他放弃天文学研究，伯父又在

121

1562 年把他送到了德国的莱比锡大学，在那里学习法律，并且还给他派了一个家庭教师，监督他学习。好在这个家庭教师既不敢不听第谷伯父的吩咐，又不愿意惹小主人生气，对第谷的监督只是睁一只眼闭一只眼，因此第谷还可以悄悄地研究他的天文学。

1566 年，第谷的伯父死了，第谷一下子就自由了。他可以有更多的时间从事他酷爱的事业——天文学研究了。

第谷终生一直坚持天文观测，并且研究他的宇宙体系。他的运气也非常好，他多次观测到了日食。1563 年他观测到了罕见的土木星交汇，1572 年他又观测到了仙后星座的超新星爆发，1577 年还观测到了彗星，并认定了彗星距地球的距离比月亮远，尤其是 1572 年对超新星的观测，使第谷受益极大。

1572 年 11 月 11 日，太阳落山后，第谷同往常一样开始观察天象。天越来越暗时，他发现在仙后星座旁边出现了一颗新的明亮的星星，这时的第谷对星空已经是了如指掌了。他深知仙后星座旁边以前是没有这么一颗星的，于是，从这一天开始第谷每晚持续不断地对这颗星进行观察，他发现这颗星一夜比一夜更亮，最后超过了金星的亮度，后来甚至在白天也可以毫不费力地就看见它了。过了一年，这颗星渐渐地暗了下去又过了四个月终于在天幕上消失了。这颗星在天空存在的十六个月当中，第谷以惊人的毅力，不分寒暑，凭一双肉眼一直坚持观测，并且作出了详细的记录，积累了非常宝贵的天文资料。

第谷观测的是一颗超新星，就是我国古代天文记录中讲的客星，它并不是新产生的星，而是一颗恒星。在正常的情况下，恒星的亮度是稳定的，是人们用肉眼看不见的，而在它发生爆发时，会释放出大量的能量，因而亮度激增，突然在天空显现了出来。第谷观测的就是这样一颗超新星。

对超新星的观测，更加激发了第谷从事天文研究的极大兴趣。

他根据自己的观测材料写出了一部重要的著作《论新星》，这是世界上第一部详细论述超新星爆发的著作。在世界天文学史上具有重要的意义。丹麦国王腓特立二世非常重视第谷的天文学研究工作，他不仅给了第谷优厚的薪俸，并且把丹麦首都哥本哈根附近的赫芬岛赠给了第谷，还拨了一笔巨款为他修建了天文台。

腓特立二世给第谷·布拉赫修建的这座天文台是 1576 年完工的，这就是赫芬岛上著名的乌拉尼期堡天文观象台。它是全欧洲、也是全世界第一座近代意义上的天文台。由于这座天文台的建立，赫芬岛成了活跃的天文学研究中心，许多著名学者从世界各地到这里来访问和学习。这座天文台对欧洲及全世界的天文事业的发展都起到了重大作用。

为了更好地开展天文学研究工作，第谷精心设计和制造了许多大型的、精密的天文观测仪器。这些仪器有木制的，也有铁制的和铜制的。其中最大的是一个直径三十九英尺、精密度极高的象限仪，后人称之为"第谷象限仪"。

第谷在赫芬岛上前后工作了二十年，在天文学的观测、记录和研究方面取得了突出的成就。由于他的观测仪器的精度的提高和对大气折射的效应进行了修正，使他的天文观测的准确度远远超过了前人。第谷的天文观测值比以前最好的观测值要精确几十倍到上百倍，他先后观测了七百七十七颗恒星的位置，而且编制了一个误差极小的星表。他详细观测、研究和记录过月亮行星和彗星的运行情况，取得了大量精确、宝贵的天文观测资料和准确的数据和记录。他一生有许多新的天文发现，记录了许多新的天文现象。其中许多成果在世界都是第一流的。然而在世界天文学史上，在第谷·布拉赫的所有的发现之中，天文学家们一致认为他一生最重要的发现是发现了名传后世的最伟大的天文学家约翰·开普勒。

第谷在赫芬岛上的工作前后长达二十年，这是他学术研究的黄金时代。但是在丹麦国王腓特立二世去世以后，第谷失去了支持者，也失去了经费来源，研究工作进行不下去了。就在这十分困难地时候，他接到了奥地利国王鲁道夫的邀请迁居到奥地利，并设法将赫芬岛上的仪器也运到了奥地利。

第谷在奥地利的工作由于没有助手效率很低，正在为难之际，他收到了一本题名为《宇宙的奥秘》的书和一封热情洋溢的信，写信的是一个署名"约翰·开普勒"的德国青年。

约翰·开普勒的观点在书中表达得很明确，他信仰的是哥白尼的日心说，而第谷则是托勒密地心体系的信奉者。尽管观点不一致，但是第谷从他的信中和书中看到这是一个真正献身于科学事业的、很难得的人才，于是，马上复信让开普勒到布拉格当他的助手。我们今天大学里的研究生导师们很少有几个能有第谷这样的胸怀，观点不一致的研究生坚决不收的占大多数。第谷这样的教师是很少见的。据说有一次，因为开普勒那个好吃懒做的老婆的挑唆，开普勒和第谷吵翻了，但是，当开普勒认识了自己的错误以后，第谷立刻就原谅了他。

第谷·布拉赫尽管掌握了丰富、准确、完整的天文观测数据，但是他用来进行天文观测的体系却是一个折中的宇宙体系。在第谷的体系中，除地球以外，所有的行星都绕太阳运行，而太阳却率领着众行星绕地球运行，地球则是静止不动的处于宇宙的中心。尽管第谷也了解哥白尼的体系，但是，他认为日心说的思想是违背圣经的，是不能接受的。因此他的观测数据没有发挥应有的作用。

约翰·开普勒认为：第谷是一个最大的富翁，然而却不知道如何应用自己的财富。据说，第谷在自己临终前才把观测数据交给开普勒，而且表示开普勒只能在地心说体系下使用这些数据。然而"一日无常万事休"，第谷撒手西去，开普勒立即就把第谷精密的观测数据同哥白尼的日心说体系结合到了一起。

第谷与开普勒 *1600* 年 *2* 月 *4* 日在布拉格的会见，是科学史上的重大事件之一，它标志着近代自然科学的两大基础：经验观察和数学理论的结合。开普勒所信仰的哥白尼体系的数学原理与第谷·布拉赫精确的观测数据的结合，终于使开普勒揭开了整个太阳系的秘密。

22. 乔尔丹诺·布鲁诺的故事

布鲁诺，意大利天文学家。他积极宣扬哥白尼的"日心说"，最后被宗教裁判所判处火刑，烧死在罗马城的百花广场。

哥白尼死后的第五个年头，也就是 *1548* 年，布鲁诺出生在那不勒斯附近的一个小城镇。他的家庭原来是贵族地主，然而那时已经走向没落，年少的布鲁诺过的也是粗茶淡饭的贫困生活。15 岁那年，父亲迫于生活的压力将他送进了那不勒斯市的圣多米尼克教团所属的马宾里修道院，在这里，布鲁诺一呆就是十年。

在修道院中，布鲁诺印象最深的是他第一次吃"圣餐"，由于家贫，他在家中过的是朝不保夕的生活。因此当他第一次吃"圣餐"时心里十分高兴，以为可以美美地吃上一顿，至少可以填饱肚子。然而结果令他大失所望，只领到了一块饼和少许淡味酒，根本就不能填饱肚子。当他怀着崇敬的心情去品尝这些由"圣体"、"圣血"转化而来的食物时，却没有什么特别的滋味，吃了以后也没有感到有什么灵异，于是他对人们所宣扬的圣餐的价值的真实性产生了怀疑。在修道院后来的生活中，还有许多东西与他所想的有很大的差距，他甚至觉得《圣经》所宣扬的一切根本就不符合实际。

一个偶然的机会，布鲁诺接触到了意大利文艺复兴时期的一些进步著作。自由的思想好像阳光一样照进了久经禁锢的心田，也就是在修道院这个禁地，布鲁诺偷偷地阅读了哥白尼的《天体运行论》。为了怕别人发觉，他总是在深更半夜爬起来，借着圣堂的烛光，甚至有时在月光下如饥似渴地阅读。哥白尼的"日心说"似乎有一股无穷的魅力，吸引他去进一步探知与《圣经》上所说的完全不同的世界，理性和良知像春雨一样滋润着布鲁诺的心田。"《圣经》上所说的与现实太不一致了。"他常常对自己这样说："我必须摒弃它。""叛逆"的火种在他的心里逐渐燃烧起来，而且越来越旺。他拿起笔，写下了颂扬"日心说"的诗篇《哥白尼的光辉》：

　　你的思想没有被黑暗世纪的卑怯所沾染，

　　你的呼声没有被愚妄之徒的叫嚣所淹没。

　　伟大的哥白尼啊，

　　你的丰碑似的著作，

　　在青春初显的年代震撼了我们的我们的心灵。

很快，布鲁诺的叛逆行为被教会发觉了。在最黑暗的中世纪，教士、教徒和神父不得有任何自由的思想，修道院责令他公开认错，从根本上抛弃违反《圣经》的思想。可是布鲁诺坚决不屈服，他义正词严地说："想叫我从一个为美德服务的自由人变成一个假仁假义、可怜而愚蠢的驴子，我不干、我不能、也不愿放弃我的思想。我没有什么可放弃的东西。"

由于布鲁诺坚持自己的理念，修道院很快就向罗马教廷指控他为异端，多种罪状共计130条，迫于无奈，他决定逃出多米尼克修道院。意大利的土伦、热那亚、威尼斯、帕多瓦、罗马都留下了他的足迹。但只要在意大利，他就明显感到宗教裁判所像是一张无形的大网一样笼罩着他。1578年，他不得不背井离乡，翻越阿尔卑斯山，逃亡数千里，来到了新教盛行的瑞士。

本以为这样可以逃脱宗教裁判所的魔爪，然而他想错了。新教和旧教在思想压制上出人意料的一致。新教也不能容忍布鲁诺宣传"日心说"的思想和非议新教教义。很快，布鲁诺就在日内瓦被捕了。1579 年，布鲁诺获释后开始了长期的流亡生涯，足迹先后遍及日内瓦、土鲁斯、巴黎、伦敦、马四茨、威斯马登、马尔堡、威登堡、布拉格、法兰克福等地，许多大学的讲台上都出现了他的身影。他四处宣传"日心说"，出色的口才点燃了众多青年追求真理希望的火种。

在长期的流亡生活中，布鲁诺不仅宣传哥白尼的"日心说"，而且进行科学研究，逐渐形成了自己的关于宇宙的理论。他进一步深入地表示：太阳也不是宇宙的中心，宇宙是无限的，太阳只是满天星斗中的一颗普通的恒星，宇宙中和太阳一样大甚至更大的星体还有很多。他甚至大胆地提出，在别的行星上，也有生物存在，甚至可能还会有像人一样有智慧有思维的高等动物。

布鲁诺在欧洲的四处演说滋润了人们久经禁锢的心田，动摇了教会统治的思想基础。罗马教廷再也坐不住了，欲除之而后快，一个卑鄙的阴谋产生了。

布鲁诺在威尼斯时有一位好朋友名叫麦桑利哥，是一位侯爵。罗马教会知道这一点后，就千方百计拉拢他，让他去引诱布鲁诺回来。可悲的是，迫于教会的压力和诱惑，麦桑利哥侯爵屈服了，向布鲁诺写了一封热情洋溢的信，邀请他重返威尼斯讲学，乡愁的困扰和友情的诱惑使布鲁诺毫不犹豫地回到了威尼斯。然而前脚刚踏进侯爵的大院，后脚教会的人就把大院包围了，布鲁诺冷静地接受了这一现实。

被捕之后，教会用尽了各种方法想使他就范，然而他们错了。布鲁诺已经做好了最坏的思想准备，对于酷刑，他坦然面对。他甚至做了赶赴火刑场的打算，他说："如果只有火才能唤醒沉睡的欧洲，那么我宁愿自己被烧死，让从我的火刑堆中发出的火光照亮这漫长的黑夜，打开那些紧闭的眼睛，将人们引进光明的真理的殿堂。"

用尽了各种酷刑之后，宗教法庭开始了对他的审判。最后，宗教法庭向世俗政权建议用火刑将其烧死。审判结束时，布鲁诺平静而沉着地说了这样一句话："你们对我宣读判词，比我听到这个判词时还要感到恐惧。"

1600 年 2 月 17 日凌晨，布鲁诺在烈火中得到了永生。他拼尽全力喊出最后一句话："火并不能把我征服，未来的世界会了解我，知道我的价值的！"

1980 年，罗马教廷颁布了教皇教谕，承认在 1600 年烧死布鲁诺是不对的，宣布为其平反昭雪。

真理终究散发出智慧的光芒！

23. 弗朗西斯·培根的故事

弗朗西斯·培根（1561～1626 年），英国哲学家，近代西欧哲学的开创者之一，唯物主义经验论哲学派的创始人，被马克思称作"英国唯物主义和整个现代实验科学的真正始祖"。

培根 1561 年出生在伦敦的一个贵族家庭。他的父亲是英国女王伊丽莎白的掌玺大臣，母亲是一个颇有才学的加尔文派教徒。由于家庭的关系，培根自幼受到了良好的教育，12 岁即进入剑桥大学的三一学院学习，担任他导师的是当时很有名气的三一学院院长怀特姬夫特博士。

学习了一段时间以后，培根就对具有 1500 年历史的知识体系提出了挑战。他宣称，剑桥的教授们把自己的学问建立在亚里士多德哲学的基础上是大错特错的。*1576* 年，培根因不满学校教学内容而中途辍学，作为英国驻法大使埃米阿斯·鲍莱爵士的随员到法国工作。*1579* 年，由于父亲突然病故，培根回到英国。从此，他开始攻读法律，*21* 岁时进入一家律师事务所，当上了一名律师。

1854 年，培根当选为国会议员，开始了他的政治生涯。后来培根结识了女王的宠臣、青年贵族埃塞克斯伯爵，成了他的朋友和顾问。当埃塞克斯失宠、密谋政变被捕后，培根作为证人和密友在法庭上指控埃塞克斯有罪，埃塞克斯即被处死，因为这件事，培根遭到很多人的非议。

詹姆士一世即位后，培根被授予爵士爵位，并且在政界步步高升，*1607* 年被任命为副检察长，*1613* 年就任总检察长，*1618* 年成为大法官，同年被封为男爵。

培根在政界春风得意的时期，也是他积极从事理论著述的时期。*1603* 年，他写了《关于自然解释的序言》、《关于自然的解释》、《论时代勇敢的产儿》等文章。*1604* 年，培根又出版了《论事物的本性》和《论人类的知识》。*1605* 年，培根发表《论学术的进步》，这是以知识为其研究对象的一部著作，也是《伟大的复兴》这部巨著中的第一部分。在该书中，培根论证了知识的巨大功用和价值，高度赞扬了科技文明，批判了无知无识的蒙昧主义，为日后提出名言"知识就是力量"奠定了思想基础。这本书在欧洲学术史上占有重要的地位，它所阐发的科学分类及由此建立的科学知识体系的新结构，是近代科学分类的先导，在当时引起了广泛的反响，对后世也有深远的影响。

1620 年培根被封为子爵，这是培根政治上最显赫的时期。也就在这个时候，培根的重要代表作——著名的《伟大的复兴》出版了。这是培根要复兴科学、要对人类知识整个加以重新改造的一部未完成的巨著。他计划分六个部分来阐述他的科学哲学，*1605* 年的《论

学术的进步》是第一部分，现在出版的《新工具》只不过是第二部分。《新工具》中培根批判了经院哲学所坚持的亚里士多德那一套科学推理程序，提出了自己的实验归纳方法论。培根所表达的基本思想对观察和实验具有重大意义，奠定了近代归纳学说的基础，构成了自那时起科学家一直所采用的方法的核心。《新工具》堪称近代最有影响的逻辑学、哲学著作之一。

就在培根仕途达到顶峰之后，1621 年培根以受贿罪被弹劾。培根的政治生涯结束了，但他很快从消沉中振作起来，埋头著书立说。他先后出版了《论厄运》、《亨利七世》、《亨利八世》，并写出了《大不列颠史》的大纲。1623 年，培根把《论学术的进展》译成拉丁文，并进行了增改，把篇幅扩大为九卷本，书名定为《论学术的进展与价值》。

培根在科学方法上的另一个重大贡献是，他最先倡导有组织地集体协作研究。在他最后一部著作《新大西岛》中，虚构了一个有组织的科学研究机构，是对未来科研机构的一个构想。

1626 年，培根因支气管炎在伦敦逝世，终年 65 岁。培根的去世并没有影响他的哲学在历史发展上所起的伟大的转折作用，作为现代科学的指路人，他在哲学史上的地位是永恒的。

24. 伽里列奥·伽利略的故事

意大利物理学家、天文学家伽里列奥·伽利略是近代实验科学的创始人。

人类依靠他创立的实验科学探索大自然的奥秘。他主张日心地动学说，遭到罗马教会的迫害，但由于他对真理的执著追求，而赢得了后人的崇敬和颂扬。

1564 年 2 月 15 日，伽利略诞生于意大利比萨城一个没落的贵族家庭。伽利略的父亲是一位多才多艺的绅士，他通晓音乐，也擅长数学。

为了使伽利略投考比萨大学，12 岁时，他被送到法洛姆博罗莎的经院学校去读书。由于父亲的坚持，伽利略在快满 18 岁的时候考入比萨大学学习医学。

然而他决定以科学为终身事业，专心致力于数学这一行。他认真研读欧几里德和阿基米德的著作。空闲时，他用自制的仪器来进行实验。

伽利略指责比萨大学中有 1000 多年历史的医学教授方法，还怀疑其教学内容。他的教授们很快就风闻他的学习动向和实验活动了，他们极不赞成，认为他是那个时代不折不扣的异端。但伽利略并没放弃，他听了宫廷数学教授里契的讲演，伽利略跑去请教里契，并向他提出疑问，他问得非常有意义，得到这位数学家的青睐。伽利略如饥似渴地阅读里契借给他的每本数学书。

然而，伽利略的"异端行为"触怒了比萨大学的教授们，他们拒绝发给他医生文凭。可是，他玩弄数学的技巧，却在意大利一些知名的数学家，如基乌塞比·莫比提、克里士多浮若·克拉菲阿教父等人中间，赢得了赫赫声名。

一天，伽利略在比萨街上散步时，不知不觉走进了路边大教堂。教堂中央摆动着的大吊灯引起了伽利略的注意，他借助脉搏的跳动计算着吊灯的摆动周期。经过测算，伽利略发现，不管吊灯摆动的弧线长短，吊灯来回所用的摆动时间总是一样的。这一意外的发现引起了伽利略的惊奇和深思，他开始怀疑亚里士多德"摆幅短需时少"的说法的正确性。伽利略经过反复试验，终于得出结论，发现了摆动的规律：摆动的周期与摆的长度的平方根成正比，长度相同的摆动周期相同。他进一步将研究成果转向实用方面，手工制作并发明了一种"脉搏计"。

1585 年，伽利略离开比萨大学回到佛罗伦萨，协助父亲经营店务。伽利略重新做了公元前 2 世纪阿基米德有关比重的实验，证实了这个原理的正确性，并利用这一原理制造了一种测定金性的仪器"液体静力天平"。人们对伽利略的发明很感兴趣，伽利略的名声也随着"液体静力天平"而传扬开来。

后来，伽利略担任了比萨大学的数学教授，他虽然忙于教授数学，对于实验工作却也毫不懈怠。他怀疑亚里士多德的"物体下落时其坠落的速度与重量有关系，愈重的物体落得愈快的结论"。在自己大量实验的基础上，伽利略认为可能又是亚里士多德弄错了。与亚里士多德相反，伽利略则认为，如果将两个不同重量的物体同时从同一高度下落，两者将会同时落地。为了使顽固的教授们信服自己的观点，他做了著名的比萨斜塔实验，实验的结果证实了"导师"是错的，轻重不同的物体从同一高度下落，到达地面的时间是相同的。伽利略证明了他的理论，但教授们仍说他错了，他们照旧宣扬亚里士多德的学说，迫害伽利略。

伽利略没有因迫害而灰心丧气。他仍然一如既往地追求真理。大学当局对这个敢于反抗指责当代公认的思想和习惯的青年叛逆分子，再也忍耐不下去了。他们认为伽利略不配担任教育下一代青年人的职务，并找借口撤掉伽利略的职，于是不谙世故的伽利略不得不沮丧地离开比萨，回到佛罗伦萨。

伽利略被逐出大学之后，他在朋友的帮助下，在帕多瓦大学找到了一个更好的职位。伽利略在这里可以尽兴地进行他的实验，这些实验涉及广泛的理论和实际知识的领域，从星宿的轨道一直到战场上的行军作战和防御工程。伽利略对现有的科学观点不是简单地接受，而是要取得事实的证实。这一主张为近代实验科学的确立提供了理论基础，伽利略也因之而被誉为"实验科学的创始人"。

在实验的基础上，伽利略还做出了许多科学发明。比例规是伽利略设计的一种富有实用价值的仪器。它是在当时普遍使用的两脚规的基础上改进过来的，这种仪器可以将地图精确地放大或缩小。伽利略称他发明的这个仪器为"几何学的军用规"。接着他又发明并改造了温度计，在他的发明中，最惊人的东西是被称为"遥远的星宿的观察者"的望远镜。

1604 年 8 月 21 日，伽利略把历史上第二架按照科学原理制造出来的望远镜公开展出了。

向伽利略购买望远镜的订货单蜂拥而至，使他应接不暇。伽利略却不计任何报酬，将他精制的望远镜呈献给了大公爵，表示对他的尊敬和感激，公爵下令聘任伽利略为帕多瓦大学的终身教授。

佛罗伦萨的大公科西摩死后，他的儿子科西摩二世继了位。作为伽利略的学生，他就请伽利略当他的宫廷数学教授——这正是这位著名科学家由于虚荣而渴望已久的职位，伽利略终于如愿以偿。

伽利略的悲剧的起因是他的著述《星宿的信使》这本划时代的天文学著作的出版。伽利略一直坚持着自己对科学的追求，白天他研究望远镜的改进方法，晚上对着天空观察天象。

1609 年冬季开始之时，伽利略制成了一架可以将物体放大 1000 倍的望远镜。1616 年 1 月 7 日的夜里，他发现了木星有四颗卫星。为了表示自己的对大公爵的敬意和早日得到杜斯干宫廷教授的席位，伽利略把他新发现的四颗卫星命名为"梅迪西斯星"，并写了一本书记述他用望远镜发现的种种现象。1610 年伽利略的《星际使者》（《星际的信使》）在威尼斯出版。

伽利略改进的望远镜，伴随着伽利略通过望远镜所发现的新天象，传遍了欧洲大陆。《星际的信使》成了当时最畅销的一本书，伽利略继续他的实验观察，用事实真相揭示陈旧观点的错误。1610 年

7月，杜斯干大公爵科西摩二世任命伽利略为宫廷数学与哲学教授，并兼任比萨大学教授。通过继续观察天象，伽利略推测金星是在太阳和地球之间的轨道上围绕太阳运动。这就证实了哥白尼的预言：太阳是太阳系的中心，地球和别的行星都围绕它运行。伽利略终于如愿以偿地为哥白尼的太阳中心说寻找到了实际证据。

1610 年冬，受罗马天主教学院数学教授克拉维斯的邀请的伽利略到罗马访问，他受到了权贵们的热情款待。

1611 年 6 月回国后，伽利略始终坚持对天象的观察。他用他改进的望远镜观察太阳，发现有大小形状都不相同的暗黑的斑点，并且这些太阳的黑斑点是运动着的。伽利略不是第一个发现黑子的天文学家，当他关于太阳黑子的报告被刊登且广泛传播的时候，那些反对仇视伽利略的人指责伽利略剽窃别人的发现。

1616 年伽利略受到教会的正式警告：不许他用语言或文字维护哥白尼学说，同时哥白尼的《天体运动论》也列为禁书。

格腊西教士写了一本《萨尔西秤量伽利略以吉杜西名义新近发表的理论和天文和哲学的天平》，辱骂中伤伽利略的发现或发明是剽窃。3 年来惟恐触怒教会而未握管写过一个字的伽利略难以容忍被人冤诬而不予置辩，他写了一本答复格腊西教士和申辩冤屈的书《分析者》。

为了不违背 1616 年教会法庭对他的警告，他将酝酿已久的一本书写成讨论托勒密和哥白尼两种宇宙观的谈话，命名为《关于两个世界体系的对话集》，伽利略整整花了 5 年功夫才完成这本《对话集》。1632 年 2 月《对话集》开始在佛罗伦萨印刷发行，并引起了强烈的反响。8 月间，罗马的一道命令忽然来到：《对话集》必须马上停止发行，因为这本书使教徒们怀疑托勒密体系的绝对正确性。伽利略的敌人处心积虑地想陷害这位离经叛道的"妖人"。当时的罗马宗教统治集团禁止任何新思想的传播。1632 年 10 月，罗马教会的法庭发出传票，传伽利略到罗马宗教裁判所受审，年已 69 岁的伽利略得知后病倒了。1633 年 2 月，这位疲惫不堪，重病在身的天文学家终于被人押赴罗马受审。在菲德兰大公爵的帮助下，70 岁的伽利略才得以幸免监禁、枷锁和苦刑。

在阿切特里狱中，伽利略花了 3 年功夫，整理了他一生所做的有关力学的实验，写了一本《关于两个新科学的对话集》，又被称为《运动的法则》。这本书是力学基本原则的总结，奠定了近代物理学的基础。1637 年伽利略秘密地将他的手稿偷运到荷兰出版。1638 年，当《运动的法则》送到他手里时，他将他心血凝成的结晶送到唇边吻了几下，流出了欢乐幸福的眼泪。1642 年 1 月 8 日临终时，他怀抱这本书，感到莫大的快慰。

伽利略开辟的实验科学的道路改变了人们的思想方法，引导人们进入现代科学。法国科学家鲁萨尔说："在科学领域里我们都是伽利略的学生"！这种评价实不为过。

25. 约翰·开普勒的故事

开普勒，德国天文学家，编制了《鲁道夫星表》，还发现了行星运动三定律，为牛顿发现万有引力定律打下了基础。

开普勒于 1571 年出身于德国韦尔城的一个富裕家庭，但他是一个先天不足的早产儿，从小体弱多病。5 岁时得了天花，几乎失去生命，最后虽然保住了性命，但留下了满脸的麻子。后来又得了一场猩红热病，使眼睛大受伤害，视力严重下降。开普勒双手残疾，又有胃病，因此病痛的困扰陪伴了他一生。

除了饱受病痛的折磨外，开普勒后来又受到了经济上的压力。

虽然出身于一个富裕的家庭，但在少年时，父亲经营失败，濒临破产，一家的生活从此失去了保障。所以开普勒在符腾堡隐修院学了几年德语和拉丁语之后，不得不辍学到小旅店里去打杂跑腿。令他遭受重大打击的是，辍学后不久，他的母亲又被宗教裁判所以女巫的罪名判处了火刑。

严重的挫折和生活的困境并没有把开普勒击垮，他面对逆境迎难而上。1587 年，开普勒终于获得了一份奖学金，有机会重新进入校园学习。最终他选择了蒂宾根大学攻读神学，并先后获得了学士和硕士学位。

大学毕业以后，开普勒受聘为格拉茨新教神学院的讲师。本以为从此有一份足以养家糊口的薪水，生活会有转机。然而，生活在他面前又拐了个弯：不久之后，校方以"对教会不忠诚"为由开除了开普勒。

为了摆脱生活上的困境，开普勒找了一个有钱的寡妇为妻。他想得很天真，以为有了钱问题就解决了，他就可以安心进行天文观测了。实际情况正好与之相反，妻子对他进行天文观测的工作并不理解，多方阻挠。当开普勒抓住了他一生中最宝贵的机会，到丹麦天文学家第谷身边当助手和学生时，他的妻子又无中生有地挑拨他和第谷的关系，几乎毁了他的大好前程。

开普勒对天文学的热爱始于在蒂宾根大学上学时期，他当时的天文学老师是宣传哥白尼学说的麦斯特林。受老师的影响，开普勒也成为了哥白尼学说的信徒。在上大学期间，开普勒还有幸听到了布鲁诺热情洋溢地宣传"日心说"的讲演，这更加坚定了他对哥白尼学说的信念。此后，开普勒把大部分精力投入到天文学观测和研究上，这也直接导致了他在格拉茨新教神学院任教时被开除公职的困境。

1596 年，开普勒出版了他的第一部天文学著作：《神秘的宇宙构造》，提出了一个用五个正多面体来说明六大行星运行轨迹的模型，并在书中描述了他的宇宙和谐思想。1599 年，开普勒把此书奉送给丹麦天文学家第谷，让他进行指正。第谷看过以后对此书大加赞赏，认为他很有创意和眼光，将是一个在天文学上有远大前途的青年，并热情邀请他来自己身边工作。

喜从天降，开普勒万分高兴。1600 年，开普勒在布拉格近郊的贝纳泰克天文台拜见了第谷，两人谈得十分投机。此后不久，开普勒就来到了第谷身边，第谷勤于观测、善于观测的工作作风给他留下了极其深刻的印象。

可是开普勒跟随第谷仅仅工作了几个月的时间，第谷就溘然长逝了。他站在恩师病榻前，满含热泪地接受了第谷那份珍贵的科学遗产，发誓要完成恩师的遗愿。

但意外情况又发生了。当开普勒整理第谷遗稿刚有一点眉目的时候，布拉赫家族出面指控他，指责他投奔第谷"别有用心"，是"想掠夺第谷的科学遗产"，控告他犯了"偷窃罪"，开普勒的身心饱受摧残。

开普勒在整理第谷的观测资料时发现，无论是托勒密体系、哥白尼体系还是第谷的二元论体系，都不能与第谷精确的观测资料完全一致，他开始怀疑这些体系的科学性。

由于受"日心说"的影响，开普勒以火星为参照系，机智地算出了地球轨道是一个近似于圆形的椭圆，他还发现地球在近日点时运动得快，在远日点时运动得慢。

开普勒在工作中发现，按照传统理论计算出来的理论值与观察值总是不相符。在 70 次验算中，他最好的成绩是两者相差 8 弧分（0.133 度），但他知道第谷观测值的误差肯定不会超过 2 弧分（0.033 度），绝对不会相差 8 弧分。他对助手说："既然上天给了我第谷精确的观测资料，我们就必须好好利用它，竭尽全力去发现天体运动的真正规律。这8弧分是不能忽略的，我们必须对传统的天体运行理论进行修正。"

于是，开普勒大胆抛弃了行星运动的正圆形轨道假说，改为椭圆形运动轨道，太阳位于椭圆的一个焦点上（椭圆定律）。他还抛弃了行星匀速运动的假说，改为每一个行星与太阳连线在相同的时间里扫过的面积相等（面积定律）。有了这两个假说，情况很快得到了改变，理论值和观测值基本符合了。

十年之后，他又提出了行星运动第三定律，即行星绕太阳公转周期的平方和行星轨道长半径的立方成正比。

开普勒在天文学上做出了重大贡献，但他的晚年生活却极其贫困。1632年，开普勒病逝于雷根斯堡。

开普勒三定律确立了行星运动的法则，人们称赞开普勒是"宇宙的立法者"，是现代天体力学真正的奠基人。开普勒也成为与伽利略、牛顿齐名的大天文学家。

开普勒的一生是贫困、动荡的一生。他能做出如此巨大的成就，关键是他有着不畏艰难、敢于探索、勇于创新的可贵品质，这也是他攀登科学顶峰的奥秘所在。

26. 威廉·哈维的故事

威廉·哈维（1578～1657年）是个政治上的保皇派，但在科学上却是一位真正的革命家，正是这位性情温和的人最终推翻了旧的医学理论。在不幸的前辈萨里和塞尔维特之后，沉静的威廉·哈维终于确立了正确的小宇宙体系——血液循环理论。

同大宇宙体系——日心说的确立一样，科学家们在确立小宇宙体系的过程中，也受到了教会的势力严重迫害。小心谨慎的维萨里也被浓重的黑暗吞没了，英勇不屈的塞尔维特死在了残酷无情的火刑场上，只有维廉·哈维是一个幸运儿，尽管他也受到了保守势力的恶毒攻击。但是，当时的英国正处于大革命的高潮之中，他本人既是一个科学上的革命家，却又是一个政治上的保皇派，还是一个性格沉静、待人温和的医生，因此，他一直没有受到教会势力严重的迫害。

这不仅是他本人的幸运，也是科学的幸运。

1578 年，威廉·哈维出生于英国部肯特郡福克斯通紧靠大海的一个小小的庄园里，父亲是一个可敬的农村绅士，哈维是七个兄弟姐妹中唯一选择了学术生涯的孩子。

因为哈维的家庭是一个充满了欢乐气氛的亲密友爱的大家庭，所以他的兄弟姐妹们都极有教养。在这个大家庭里培养了哈维沉静、温和的性格，这对哈维是相当重要的，哈维在科学上的成功同他的性格有着极大的关系。

1588 年，哈维被送到了一所教会学校读书。16 岁的时候，哈维离开了家乡进入了剑桥大学加斯埃学院，在这里学习拉丁语和希腊语，由于成绩优异，他入学不久就获得了当年的奖学金，并于 23 岁那年获得了文学士学位。

但是，哈维的真正兴趣却是在医学上，1597 年，哈维来到意大利，进入了著名的帕多瓦大学学习医学。

当时的帕多瓦大学是全欧洲最著名的大学。在这个历史时期内，自然科学各个领域取得的几乎所有的重大成果都同这所大学有着重大的关系。哥白尼、伽利略、维萨里和塞尔维特都在这里学习和工作过。哈维来到这里的时候，伽利略正在这里任教。

1602 年，经过两年的艰苦学习，哈维在帕多瓦取得了医学博士学位，回国以后就开始在伦敦行医了。由于他医术高明，深受当地人们的爱戴，很快就成了一位名声卓著的医生。哈维在伦敦期间不仅是著名的圣·巴塞洛缪医院的医师、医生进修学院的解剖学教授，同时还担任了法国国王查理一世的御医。

哈维的工作虽然很忙，但是他并没有停止科学研究工作，他白天看病，晚上则专心钻研解剖学和生理学理论。哈维在科学观念上深受哥白尼的宇宙体系的影响，他认为：人体血液的流动应该像地球的绕日运动一样是往复运行的。

为了证实自己的猜想，哈维把他的大部分收入都用到了解剖和实验研究上，他饲养了许多动物，用来进行解剖和作各种实验。在解剖室里，哈维解剖过80多种不同类型的动物。由于他很细心，因此他在解剖的过程中发现的新东西非常多。例如在解剖人体时，他发现人的心脏有个腔：左右心房和左右心室，而且心房和心室之间都有活瓣，只允许血液从心房流入心室，不允许倒流。因此，盖伦认为人的血液像大海的潮汐一样涨落肯定是错误的。

那么，人的血液是怎样流动的呢？

从哈维的手稿中，人们发现他早在1616年的一次学术演讲中，就提出了一个全新的观点：是心脏的搏动使血液永远不停地做循环运动，就好像是水泵把水压提高了一样，心脏的搏动使血液不断地通过肺进入动脉。

1628年哈维发表了他的著名的《心血运动论》，在这本书中哈维提出了完整的血液循环理论。哈维研究成果的高明之处就在于他是第一个从心脏在搏动过程中输出血液的数量出发考虑问题的人。

哈维通过实验观察发现了一个十分有趣的现象：动物的心脏每小时泵出的血液的总和比整个动物的体重本身还要大。哈维对羊和狗做了解剖实验，他发现，羊和狗的心脏每分钟泵出的血液都是好几磅，因此可以推测出这些动物的心脏每半个小时泵出的血液都比它们本身的重量大得多。今天我们都知道，人的心脏每分钟泵出的血液约 10 磅，每小时 600 磅已经远远超出人的体重三倍以上。哈维正是通过这种数量上的关系得出了深刻的结论：血液肯定是通过全身循环运动的，而且这个运动是连续的、不间断的。

这就是哈维提出的著名的小宇宙体系。

哈维的理论的建立是深受哥白尼的宇宙体系的影响的，在他的《心血运动论》这本书里，我们可以清晰地看到哥白尼理论的光辉。

哈维不仅深刻认识到了心脏在血液循环理论中的重要作用，而且深刻地认识到了心脏就是"小宇宙"——人体血液循环系统中的太阳。他在《心血运动论》中是这样写的："心脏是生命的开始，它是微型宇宙的太阳，……它滋养、抚育和促进着整个身体的成长，它的确是生命的基础和一切活动的源泉。"

在哈维的心血运动论中，只有一个问题解决的不十分彻底，那就是他一直没有观察到连接动脉与静脉之间的毛细血管，他在实验中发现，血液是不断流动的，因此动脉与静脉之间一定有某种微细的小管相连接，才能使血液的流动成为一个环路。遗憾的是在哈维进行血液系统循环的研究时，还根本没有什么像样的显微镜，哈维手中只有一个手持的"放大镜"。根本看不到毛细血管。他的天才的预言直到几十年以后才被显微镜所证实。

哈维的《心血运动论》结构紧凑，论证清晰，超过了前人所有的医学论著。

哈维的《心血运动论》的出版并不十分顺利，早在 1626 年，他就同英国的国务大臣弗兰西斯·培根谈起过他的《心血运动论》，但培根却认为是无稽之谈。哈维的书是 1628 年在德国的法兰克福出版的，而且不是他主动出版的，德国的一位出版商知道了他有这么一篇立意很新奇的论文以后，给他写了一封热情洋溢的信，信中说："我们不愿失去一个让全欧洲都知道您的思想的机会，决定支付出版《心血运动论》的一切费用。"接到这封信后，哈维深深地被感动了，终于下决心出版这本划时代的著作了。

在哈维的《心血运动论》一书中，我们仍然可以看到哈维的担心，他已经预料到了他将遭到激烈的攻击和反对，哈维在书中写道："我要说的是前所未闻的新事物，我不仅怕少数人的猜忌对我不利，而且也怕全人类都要和我作对……"但是这一切并没有压倒他，他还是决心出版自己的书："但，我意已决，要把一切都托付于爱真理的热忱和思想开通者的同情。"

哈维的担心并不是多余的，《心血运动论》出版后几个星期，在欧洲大陆上就出现了反对哈维的浪潮，并持续了十年之久。首先向哈维发动进攻的是法国巴黎大学医学院的院长，这位院长本来是哈维的好朋友，但是为了维护盖伦的理论抛弃了友谊，带头攻击哈维。这位保守的医学权威认为，根本不应该认为盖伦有错误，即使解剖的结果与盖伦所说的不同，也仍然应该认识到盖伦是正确的，只不过盖伦的时代已经过去，自然界本身已经发生了变化而已。其他的医学理论家们也攻击哈维的论点是"违背事实的和荒谬可笑的"。一直到 10 世纪中叶，法国保守的医学界仍然拒绝接受哈维的理论。但是，他在英国没有遭到严重的责难，而且，整个欧洲的全部"异端"思想家们也都接受了他的理论。

总的说来，哈维是相当幸运的，在哈维被保守的欧洲大陆的学者看作异端的时候，英国正处于动乱之中，人们忙于打仗、忙于争权夺势，没有多少人愿意去啃哈维的深奥的医学著作。另外，哈维为人温和沉静很少结怨于人，因此，他在英国一直没有受到什么严重的迫害。

晚年的哈维致力于研究胚胎学方面的问题，他从鸟类、爬行类动物都是"从卵中发育形成的"这个现象出发，认识到：一切胎生动物也都是由卵发生的。1651 年他完成了另一部伟大的医学著作《胚胎学》。

哈维在医学上是一个革命者，在政治上却是一个保皇派。哈维不仅是查理一世的御医，同时也是国王的好朋友，因此他一直忠于他的国王。在查理一世与议会进行的战争期间，他一直追随着国王，在克伦威尔彻底击退保皇军队的激烈战斗中，哈维就在离战场不远的矮树篙下读他的医学书。后来保皇党被打败了，查理一世也被送上了断头台，于是，哈维就回到了离伦敦不远的乡村里，继续进行他的医学研究。

克伦威尔执政以后，皇家医学院曾推选哈维当医学院院长，但是，由于他对这次革命十分不满，就以年老为理由推辞掉了。*1654*年，哈维出任了医学专门学校的校长。*1657*年，哈维因病去世了，由于他早年丧妻，没有养育儿女，他就把自己的财产、住房和图书都捐献给了他所在的学校。直到今天，这个学校每年都为哈维举行一次纪念活动。

哈维血液循环理论的确立，标志着科学在两个方面都进入了一个新的时代。

从哥白尼——布鲁诺到开普勒、伽利略确立了大宇宙体系。

从维萨里——塞尔维特到幸运的哈维，确立了小宇宙体系。

前者是对自然界的研究，后者则是对人体自身的研究，直到今天，这两个问题仍然是整个自然科学最基本的问题。

27. 皮埃尔·费尔马的故事

皮埃尔·费尔马是法国的一个业余数学家。然而他在数论、解析几何、概率论等方面却有巨大的贡献，被人们誉为"业余数学家之王"。

提到费尔马，最有名的是至今悬而未决的费尔马大定理，现在已有人称已解出，正在通过审定。

费尔马于 *1601* 年 *8* 月 *20* 日出生于法国，他的父亲是一位皮革商人，他的母亲出身于法官家庭。在加龙河边，费尔马成长为一名律师，他精通多种语言，尤其对数学极为热爱。

费尔马后来当了图鲁斯议会的议员，做了社会活动家，费尔马待人谦逊温和，不愿意参与官场的勾心斗角。他为官清正廉明，生活交往多为有名的科学家、学者。

费尔马结识了很多学者，数学家和哲学家聚会他也常常参加。那时梅森、罗伯瓦、迈多治、笛卡尔等人常在梅森家里聚会，讨论哲学、数学问题，被人们称为"梅森学院"。

1666 年，梅森学院这个民间聚会被国王与政府认可为一个机构，这就是法国科学院的前身。费尔马 *30* 岁以后，几乎把精力全都放在数学研究上，他的家境优越，家庭和睦幸福，交际圈又多为学者，这一切使得费尔玛在业余的范围内取得了专业的数学成就。

费尔马和笛卡尔一起，完善了平面解析几何，是他第一次把三元方程应用于空间解析几何学。费尔马同帕斯卡一起，讨论了赌本分配的问题，成为最早的概率论问题。

1637 年，费尔马在阅读丢番图《算术》时研究了不定方程 $x^2 + y^2 = z^2$，在那页书的空白处作了批注："将一个立方数分为两个立方数，一个四次幂分为两个四次幂，或者一般地将一个高于二次的幂分为两个同次幂，这是不可能的。关于此，我发现了一种绝妙的证明，可是这里空白太小写不下。"

费尔马没有想到，因为他的随意，留下了几百年来数学界一道难题，成为费尔马大定理。

把费尔马大定理推广到最一般情形，用方程表示即：不定方程 $x^n + y^n = z^n$，（$n > 2$），且 n 是自然数，得出的结论是没有正整数解。

比如说，$x3 + y3 = z3$，这个方程就没有正整数满足要求，$x4 + y4 = z4$，也不可能找着正整数 x、y 和 z，使得等式成立。

费尔马的绝妙证法谁也无从得知，但费尔马提出的这个结论却吸引了一代又一代的数学家。所以，其实这是个猜想，却至今也没有人能够推翻它。

费尔马定理经巨奖悬赏，包括欧拉、勤让德、阿贝尔、狄里克莱、库莫尔等数学家都做过尝试，虽然取得了一定进展，但都没能最终证明。当然，数百年来也没有人能推翻这一定理。

欧拉严格证明了 n = 3，4 时，费尔马猜想正确，柏林大学教授库莫尔采用新的方法，将费尔马的结论证明到 n = 100。最近，美国加州伯克莱分校的罗瑟利用计算机证明了 n 不超过 4100 万时，费尔马大定理都是成立的。

1908 年，德国的哥廷根科学院按照德国数学家俄尔夫斯凯尔的遗嘱，把他的 10 万马克作为奖金。谁能完全证明费尔马大定理（或者否定它），就可以获得 10 万马克。结果大批的业余人员也投入了这场证明中，但均无一人能准确解决。

俄尔夫斯凯尔限期 100 年，在 1908—2007 年之间，若有人证明此定理，便可获奖。人们现在甚至不关心费尔马定理能否被证明，因为它已经成了"一只生金蛋的母鸡"。在证明大定理的过程中，出现了很多漂亮的方法、精妙的思想，引发了很多领域的方法沟通，促进了很多理论的出现，如无限递降法就是一例。

数学家们甚至不希望人们尽快证明出定理，因为"杀鸡取卵"，得不偿失。

1993 年 6 月 23 日，美国普林斯顿大学教授、英国数学家安德鲁·威尔斯在英国剑桥大学牛顿数学研究所作的题为《模型式、椭圆曲线和伽罗华表示法》的长篇报告的结尾处，宣布已经证明了费尔马大定理。紧接着，剑桥大学发表了声明，并介绍了费尔马大定理的历史。

历史上已有过许多人宣称证明了费尔马定理，但结果证明都是错误的。这次是 20 世纪末最后一次证明，现如今威尔斯正简化证明，而费尔马大定理的专著也出版有多种。

费尔马还提出了一个费尔马小定理。在 1640 年，费尔马提出：如果 p 是质数，并且 a 与 p 互质，那么数 ap－a 必定能被 p 所整除，这是初等数论中的重要定理。

费尔马还曾向意大利物理学家托里拆利提出过一个问题：在已知三角形内找一个点，使此点满足到三个顶点的距离之和为最小。

托里拆利用了好几种方法解决了这个问题，其中还有物理上的力学方法。在这个问题的解法中，意大利数学家维维安尼的求解严谨而优美，堪称代表。大约 300 年后，维维安尼的解法又由匈牙利数学家里兹重新发现。费尔马本人也有求解，这个问题具有实际意义，比如维修所与三个居民区的位置，如果维修所在理想点上，则可以省时省力。

人们称上面问题所求出的点为费尔马点。

费尔马进行数学研究，淡漠功名，而且观点散见于批注中。1665 年 1 月 12 日，费尔马在图鲁司去世。他的儿子在数学家们的帮助下，将费尔马的各种散论和观点整理汇编，出版了《数学论集》两卷。费尔马生前不愿著书立说，此书的第一版成为珍品。

1891～1922 年，《费尔马全集》出版了，人们永远纪念这位业余数学家的天才成就。

28. 罗伯特·波义尔的故事

炼金术的发展导致了矿物学与医药化学的诞生，化学真正转为科学，是从波义尔手中完成的。

罗伯特·波义尔 1622 年出生，是爱尔兰富翁、贵族柯克伯爵的儿子。他也是一位神童，他 8 岁时进入英国的贵族学校伊顿公学，人们传说他已经掌握希腊文和拉丁文了。

波义尔少年时代就读到伽利略和笛卡尔的著作。1644 年他的父亲去世，他匆忙赶回国，继承了一大笔遗产。这样，他的科学研究就有了充足的资金。

1668 年，波义尔居住在伦敦，建立了一家私人实验室。他从事化学实验，写出很多著作。

波义尔在提取浓硫酸时发现，酸沫溅落在深紫色的紫罗兰花瓣上，紫罗兰由深紫变成了红色。他敏锐地意识到了这个现象，于是把花瓣放入不同的酸的溶液中，结果发现紫罗兰花瓣变成红色，无一例外。波义尔认识到："只要把紫罗兰花瓣放入溶液中，就可以得知溶液是否为酸性，以紫罗兰花瓣变不变成红色为标准。"

波义尔还发现了从石蕊地衣中提取的石蕊制剂，它的特性是酸能使它变红，碱能使它变蓝。波义尔用纸浸泡在石蕊试剂中，制成了石蕊试纸，至今还在运用。

作为标志，波义尔的化学著作《怀疑的化学家》在 1661 年出版，此书标志着近代化学从炼金术中脱胎而出。

从波义尔开始，化学成为理论科学，而不只是技术制造。化学成为解释世界、改造世界的学科，从事物质规律的研究。

波义尔清除了旧的元素概念。他反对亚里士多德的四元素说，也反对帕拉塞尔苏斯的三要素说，他认为元素指"某些原初的和单纯的即丝毫没混合过的物体，这些物体不是由任何其他物体组成，也不是相互组成，而是作为配料，一切所谓的完全混合物体都直接由它们化合而成，最终也分解成它们"。

波义尔的元素说，彻底推翻了统治化学长达 2000 年之久的四元素，化学从炼金中分离出来，波义尔证明铜不可能变成金，铅也不可能变成银。

波义尔为化学的发展指明了方向。他说："化学家们到现在还信守着极其狭隘的原则，不需要更广阔的视野。他们看到自己的任务只是制备药剂、制取和转化金属。而我完全从另一个角度来看化学，我不是作为一个医生、一个炼金家来看化学，而从哲学家的身分来看化学。我在这里草拟了化学哲学的计划，希望用自己的实验和观察来完成这一计划，使之走向完善。"

在17世纪下半叶，伽利略创立了力学，莱布尼兹、牛顿发明了微积分，牛顿发现了"万有引力定律"，第一次科学革命到来。因为有了波义尔，才使化学赶上了科学革命的大潮。

波义尔在胡克的帮助下制造出了抽气机，这使他能在真空中做实验。1673年，波义尔发表文章，名为《关于火焰与空气关系的新实验》。他讲述了真空中硫磺的燃烧，在没有空气的情况下，带有硫磺的纸卷只冒烟不着火，而一放进空气，纸卷马上着出蓝色的火焰。从这里，波义尔认识到空气对于燃烧的影响。波义尔认识到一部分空气对动物呼吸有用，一部分空气对燃烧有帮助，但他没能分离出来这些空气，也没有认识到这是同一种气体。

波义尔在物理方面的成就也很大，他在气体力学中提出了波义尔定律，他提出后14年，法国物理学家马略特独立发现了这个定律。所以人称波义尔——马略特定律。波义尔用了一端封闭的玻璃管，将水银从开口注入，让空气被挤压到封闭的一端，也就是说用弯管封闭了一部分空气，然后他不断地倒入水银，结果发现空气在压缩时可以产生更大压强，从而寻找出压强与体积的关系。

波义尔制成真空的管子，在管中放入羽毛、铅块等质量、材料、体积不一样的物品，然后把管子垂直竖起，结果管中的物品在没有空气阻力的状态下一起下落，不分先后。

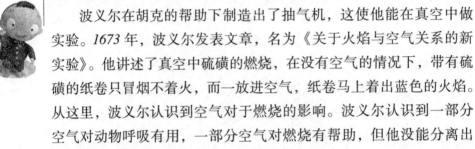

波义尔拒绝了贵族的爵位和伊顿学校校长的职位，在爱尔兰他的墓志铭上刻着："化学的父亲和科克伯爵的叔父。"

波义尔 1691 年在伦敦去世。

29. 克里斯蒂安·惠更斯的故事

克里斯蒂安·惠更斯是荷兰最伟大的数学家、天文学家和物理学家，是经典力学最重要的奠基人之一。

克里斯蒂安·惠更斯 1629 年生于荷兰的海牙，他的祖父和父亲都是荷兰王室中亲王的秘书，因此他从小就受到了良好的教育，以后又进入了著名的莱顿大学学习法律和数学，并于 1655 年获得法学博士学位。但是，惠更斯的，主要兴趣却不在法律上，而是在科学上。

早在获取法学博士学位之前，惠更斯就开始进行他的科学研究了。

惠更斯在天文学方面的研究是相当出色的，卡西尼研究的土星的光环就是他最先发现的。伽利略在很早以前就发现过土星的一种"怪现象"——这颗星有一个十分奇怪的形状，并时时发生变化，有时是一个长形的椭圆、有时是一个标准的浑圆。但是，由于当时的观测仪器十分落后，伽利略始终没有弄清楚这是什么原因。从 1655 ~1656 年期间，惠更斯使用了更好、更精密的观测仪器，对土星进行了长时间的认真观测和研究，终于解开了土星的"怪现象"之谜。惠更斯通过长时间的观测得出了正确的结论：土星的星体被另外一个物体包围着，这个物体是土星星体的一个同心圆环。最初，惠更斯把他的发现写成了一句隐语，意思是，土星被一个薄薄的圆环所包围着，而且这个圆环并不和土星的星体相接触，只是与它的黄道斜交。这个隐语一直到 *1659* 年才最终解释并公布出来，这个圆环就是土星的光环。

惠更斯不仅第一个发现了土星的光环，还第一个发现了土星的卫星，为后来多米尼科·卡西尼的工作开辟了道路。

惠更斯的另外一项重大贡献是为经典力学的建立奠定了基础。

1656 年，惠更斯利用钟摆的等时性原理制成了世界第一座摆钟。*1673* 年，惠更斯从他的钟摆的原理出发，进行了更加深入的研究，出版了他的《摆钟》一书。在这本书中，他不仅详细记载了摆钟的发明，而且开始了他对离心力的研究，他最先提出了离心力与距离和速度的关系问题：

（1）同一物体如果以相同的速度在不同的圆周上运动，离心力与直径成反比，圆越小，离心力越大。

（2）同一物体如果以不同的速度在相同的圆周上运动，离心力与速度的平方成正比。

惠更斯关于摆的研究，为以后牛顿经典力学中万有引力定律的建立提供了重要的理论依据。

30. 罗伯特·胡克的故事

在经典力学的创立过程中，作出过重要贡献的另一位伟大的科学家就是英国的罗伯特·胡克。

1635 年 *7* 月，罗伯特·胡克生于英国的怀特岛，他从小就十分好学，一直是一个才华出众的好学生。罗伯特·胡克毕业于著名的牛津大学，以后一直致力于科学研究工作。他在许多科学领域里都

有着独到的、超前的见解。

罗伯特·胡克从牛津大学毕业不久就当上了著名的大化学家波义耳的科研助手。由于科学上的杰出见解，1662年，这位身手不凡的年轻科学家被推荐担任了英国皇家学会实验室的总干事，当时，学会的许多著名的实验都是他作出来的。不久，他又受聘担任了著名的格雷山姆学院的几何学教授。罗伯特·胡克是一个十分勤奋的人，他涉猎的学科非常广泛，他既是一个物理学家、一个天文学家，还是一个著名的显微镜专家，只是由于和牛顿的论战或多或少地使他在科学界的地位受到了一点儿影响。

在显微科学上，罗伯特·胡克的地位相当重要，是他第一个在显微镜下发现了生物的细胞。

事情是这样的：1663年，胡克应皇家学会的要求担负起了演示显微科学的研究成果的任务，于是他就开始在显微镜下作各种各样的实验观察。胡克的工作十分认真，每次会上都有新的观察成果。

1665年，胡克出版了他的著名的《显微图像》一书，书中记载了大量的实验观察结果，有云母的图像、化石的成因，有软木的结构和一些植物细胞中的物质，其中最重要的就是他对生物细胞的观察和记载。胡克是在对软木的显微观察中发现生物细胞的，他把观察到的软木组织中的小室命名为"细胞"，胡克还观察了植物活体的细胞，并作了形象的描述："在这几种植物里，当它们仍然是绿色的时候，我已用我的显微镜十分清晰地发现了充满了汁液的小室或孔，并且发现其中的汁液在逐渐地渗出。"

在物理学上，罗伯特·胡克发现了著名的胡克定律。胡克在他的《恢复力论》一书中说到："我初发现这种理论，到现在已经十八年了，由于当时的目的是想把它应用于某种特殊的用途，所以没有予以发表。从那以后大约三年光景，英王陛下曾在政府办公大厅亲见我根据这种理论所作的实验以及关于弹簧表的实验。"他在书中用十分通俗的语言论述了这个后来以他的名字命名的定律："任何弹簧的力与其张力同比。"这个定律今天是这样表达的：在弹性限度内，固体发生形变与它受到的力成正比。

胡克还是光的波动说的最早提出者之一，在万有引力定律的确立过程中胡克也作出了一定的贡献，只是由于数学上的原因没能得到最后的结果。

在这些巨人们的肩上，伟大的牛顿进行了全面的综合和总结。

31. 依撒克·牛顿的故事

依撒克·牛顿（1642～1727年）是有史以来最伟大的天才之一。在数学上，他发明了微积分，在天文学上，他发现了万有引力定律；在物理学中，他系统总结了三大运动定律；在光学中，他发现了太阳光的光谱，发明了反射式望远镜。一个人享有这里的任何一项成就，就足以名垂千古，而牛顿一个人作出了所有这些贡献。

牛顿生于1642年，是个遗腹子。年少时，他性情孤僻，上小学时，成绩也十分平常，12岁进中学，由于寄宿在一位药剂师家里而学会了做化学实验。

1661年，牛顿进入剑桥三一学院。他阅读了大量书籍，基本上掌握了当时的全部数学和光学知识。1665年初大学毕业，由于伦敦正闹瘟疫，他回到他母亲的农场里，度过了两年。这两年是牛顿创造发明最为旺盛的时期。他发明了二项式定理和微分运算，研究了颜色理论和积分运算，并继续思考动力学和引力问题。

1667年，牛顿回到剑桥。1669年，27岁的牛顿当上了剑桥大学的卢卡斯数学教授。1678年，因在光学问题上与胡克争论，牛顿深受刺激，性格内向的他不再发表文章，光学问题也被搁置一边，转而思考天文学问题。1679 年，胡克主动与牛顿通信讨论引力问题，这也促使牛顿重新研究早年的课题。

1684 年 1 月，胡克向当时的皇家学会主席雷恩和天文学家哈雷声称，自己已经发现了天体在与距离平方成反比的力作用下的轨道的运行规律，但他给不出数学证明，雷恩决定悬赏征解。哈雷 8 月份专程去剑桥，请教牛顿。牛顿于是在 11 月写出了《论运动》手稿。

向心力与半径的平方成反比，牛顿早就得出了这一结论。到了 17 世纪 80 年代，胡克、雷恩和哈雷也都独自发现了这一关系。

但他们都没能证明其逆命题在平方反比于距离的力的作用下，行星必作椭圆运动，只有牛顿给出了这一数学证明。

然而，即使确认了椭圆轨道与平方反比作用力之间的这种互推关系，也并不等于发现了万有引力。万有引力的关键在"万有"，它是一种普遍存在的力，首先，人们必须证明支配行星运动的那个力与地面物体的重力是同一种类型的力，牛顿最先想到这一点，著名的苹果落地的故事说的就是这段历史。

17 世纪 60 年代就已萌发的思想，为何直到 80 年代才重提？事实上，牛顿面临的一个主要困难是，他不能肯定是否应该由地心开始计算月地距离，因为这牵涉到地球对月亮的引力是否正像它的全部质量都集中在中心点上那样。

1685 年初，情况出现了转机，牛顿运用微积分证明了地球吸引外部物体时，恰像全部的质量集中在球心一样。在哈雷的鼓励下，牛顿全力投入写作一本著作，花了不到 18 个月的时间，科学史上最伟大的一部著作——《数学原理》，于 1686 年完成，并于 1687 年以拉丁文初版问世。

《数学原理》共分三篇，极为重要的导论部分，包括"定义和注释"、"运动的基本定理或定律"。定义分别是："物质的量"、"运动的量"、"固有的力"、"外加的力"以及"向心力"，注释中给出了绝对时间、绝对空间、绝对运动和绝对静止的概念。在"运动的基本定理或定律"部分，牛顿给出了著名的运动三定律，以及力的合成和分解法则、运动迭加性原理、动量守恒原理、伽利略相对性原理等。这一部分是牛顿对前人工作的一种空前的系统化，也是牛顿力学的概念框架。

《数学原理》的出版立即使牛顿声名大振，它开辟了一个全新的宇宙体系，正是从这里，人们获得了用理性来解决面临的所有问题的自信。《数学原理》出版后，牛顿不再考虑力学问题。*1689* 年，牛顿当选为国会议员。*1690* 年，他开始研究《圣经》。*1695* 年，他被任命为造币厂督办，*1699* 年被任命为造币厂厂长。*1701* 年，牛顿辞去教职。*1703* 年，他当选为皇家学会主席，以后每年连任。*1727* 年，牛顿去世。

"如果我比别人看得远些，那是因为我站在巨人们的肩上。""我不知道世人怎么看，但在我自己看来，我只不过是一个在海滨玩耍的小孩，不时地为比别人找到一块更光滑、更美丽的卵石和贝壳而感到高兴，而在我面前的真理的海洋，却完全是个谜。"从牛顿的名言中，可以窥见他博大深邃的精神境界。

32. 雅格布·伯努利的故事

世界著名的大数学家欧拉与伯努利家族关系很好，伯努利家族在世界家族史上创了一项纪录：数学世家。

在数学与物理数学领域中，伯努利随处可见，比如说伯努利数列、伯努利—莱布尼茨诡论、伯努利方程。

数学史上，有一个历经 2000 多年才被解决的难题，此题形式简单：求自然数 1，2，3，一直到几的任意次方（自然数次方）之和，写成公式就是求 $S_{-k}1_{+k}+2_{+k}+3_{+k}+\cdots\cdots+n_{+k}$，K 为自然数。

当 K = 1 时，公元前 6 世纪的毕达哥拉斯学派求出了答案，即 $S_{-1}=1+2+3+\cdots\cdots+n$，可得 $S_{-1}=\frac{1}{-2}(n+1)$，后来，公元前 200 多年的阿基米德求出 $S_{-2}=\frac{+2}{6}(n+1)(2n+1)$。公元 1 世纪的尼扣马克求出了 S_{-3}，但 S_{-4} 直到 1000 年后才由公元 11 世纪时的阿拉伯数学家解出。

对于任意自然数 K，彻底解决了这个问题的是 17 世纪的雅格布·伯努利。

雅格布·伯努利 1655 年出生，是伯努利家族的后裔。这个家族近一半人天资聪明，他们几乎都是杰出的学者、教授、政治家和艺术家等等。这个家族在发展微积分理论上，起着突出的作用，他们为近代数学的发展做出了家族贡献。

伯努利家族祖居荷兰，他们信奉新教，因此受到天主教会的迫害。1583 年，为了逃避天主教徒的大屠杀和残酷迫害，伯努利家族迁居到瑞士，在著名的巴塞尔城住下来。刚搬到巴塞尔，便与当地一位富商联上姻亲，始祖尼古拉·伯努利与富商的女儿结了婚，后来便成了统治整个巴塞尔缄商人贵族集团的重要成员之一。

雅格布·伯努利是迁至巴塞尔的家族第二代人。他的两个弟弟是尼古拉第一和约翰第一，他们三人在微积分上贡献非凡，享有盛誉。

17 世纪末，雅格布·伯努利发展了莱布尼茨的微积分学，创立了变分法，提出并解决了部分等周问题和切线问题。

据不完全统计，伯努利家族祖孙四、五代 12 人中，至少有 10

名数学家。

雅格布·伯努利还提出中等数学中有名的题目，若一个等差数列前两项为正月，互不相同，而这两项与一个等比数列的前两项相同，则这个等差数列所有以后各项都小于相应的等比数列的各项。

雅格布·伯努利又叫雅格布第一。他自幼聪明勤奋，自学了笛卡尔的著作，后来结识了莱布尼茨、惠更斯等著名数学家。

伯努利家族的数学家从雅格布开始，大都担任巴塞尔大学的数学教授。

1686年，雅格布成为伯努利家族第一位巴塞尔大学教授，他详细彻底地研究了悬链线问题。

雅格布·伯努利证明，给定长度的绳子，如果两头悬挂它，悬链线的重心最低，现在的悬桥和高压输电线应用原理由此而来。

雅格布第一的墓志铭上镌刻着一反一正两条对数螺线，这是他晚年的发现。对数螺线无论是放大还是缩小，只要它的位置有所改变，其形状不会改变。所以碑文上被刻上了"尽管改变，我仍将要实现"的字样。

雅格布·伯努利的弟弟尼古拉和约翰都是数学家，尼古拉后来在圣彼得堡从事数学研究。他去世时，叶卡杰琳娜女皇为他举行了国葬。约翰于1705年接任兄长的巴塞尔大学数学教授的职务，欧拉就是受约翰的指导和教育而成长起来的。

约翰是微积分学上有着重要地位的数学家，牛顿晚年解答的那道著名的题就出自约翰之手。有关"最速降线"的解答，约翰、雅格布、莱布尼茨、洛比塔、牛顿等人做出了努力，成为早期变分学的研究者。

伯努利家族的几位数学家均是先开始学习医学或法学、哲学，都取得最高的学位，而后转向自己兴趣爱好之所在数学，他们家族是一个典型的自然科学学者型家族。

约翰的儿子是丹尼尔，他出生在荷兰的格罗宁根。

1695 年，莱布尼茨指出，力要区分"死力"和"活力"，"死力"是指静力学的力，"活力"是指动力学的力。莱布尼茨的观点有很大影响，丹尼尔·伯努利于 1738 年出版了《流体动力学》。书中将微积分的方法运用于流传动力学和气体动力学的研究之中，建立了一个理论性的体系，就是伯努利方程，也称伯努利原理。

丹尼尔是数学物理方法的开拓者和奠基人。

丹尼尔的弟弟约翰第二及几位堂兄弟，也是数学家。

伯努利家族是瑞典乃至欧洲的一个著名望族，后来，他们在彼得堡科学院工作过，也推荐了欧拉。

虚功原理就是约翰第二与丹尼尔讨论中提出的，记载于父子俩的信件中。

33. 爱德蒙·哈雷的故事

夜空群星闪耀，时而有流星闪现，给人们以无限遐想。在科学不发达的年代，天空带给人更多的是神秘。

彗星是一种特殊的星，它与其他星星的区别在于它的大尾巴。现在我们知道，彗核内有许多冰尘物质，蒸发和消散形成的痕迹就是彗尾。

丹麦 17 世纪的天文学家布拉尔认为彗星是妖星，说"彗星是由于人类的罪恶造成的，罪恶上升形成气体，上帝一怒之下把罪恶点燃，变成丑陋的星体"。这种宗教式的说法神秘而恐怖。当 1682 年的夜晚，有一颗披头散发的彗星出现在天空时，人们全都吓呆了。彗星拖着长长的亮闪闪的尾巴，一连几十个夜晚在天边运行，仿佛妖魔降临大地。人们恐惧异常，纷纷向上帝忏悔，但是无济于事，一时间天下大乱，占星家、巫师也趁乱打劫，弄得乌烟瘴气，人心惶惶。

从第谷那里已经得到过这样的结论，彗星不是特殊的妖怪，也是一种天体。另外，开普勒等天文学家也研究过彗星的轨道，但没人认真地计算观察，也没有人得出准确的结论。

天文学史上第一个全力研究彗星轨道的人是爱德蒙·哈雷，他于1656年出生在英国。当时人们传说妖星出现，而哈雷却并不相信，他认为这是一种正常的天体，宇宙中存在的自然现象，决定认真研究它，揭开彗星之谜。

哈雷开始详尽地搜集资料，查检星图星表，当时牛顿的万有引力定律已经问世，哈雷利用定律对1337年到1698年的20多颗彗星进行了详细的研究。

他把彗星的轨道根据时间绘制成图，以便观察比较，结果发现1531年、1607年和1682年的彗星轨道十分类似，哈雷眼前一亮：莫非这是同一颗彗星所为？

结果不出所料，哈雷继续向前查，发现每隔76年左右，这颗彗星就出现一次。于是哈雷向社会宣布：彗星是按固定的周期运行的，在1758年将再度光临地球。

人们都被这个消息惊动了，结果1758年12月24日，彗星光临地球，人们为了纪念哈雷，命名为"哈雷彗星"。1742年，哈雷去世，距他的预言早14年离开人间。

哈雷彗星在1986年光临了地球，不难知道它下一次光临地球的大概年份，现在科学家们早已经可以精确计算出时间了。

哈雷不仅仅发现了彗星周期，在1718年他还发现了恒星的自运转。人们之所以区分恒星与行星，就是因为恒星都是看起来不动的，其实世界上没绝对静止的东西，恒星的遥远使人们产生了视觉错误。

哈雷被誉为南方的第谷，是第一个观测南半球天空的天文学家。

哈雷与牛顿交往甚笃。正是由于他的鼓励，牛顿写出了《自然哲学的数学原理》，他用自己的钱资助出版。也正是二人的交往，又影响了哈雷，使其在彗星上感兴趣而取得成就，这是科学界相互促进、互扶互助的佳话。

哈雷1678年入选英国皇家学会。他在格林威治天文台工作时，提出了利用金星凌日的机会测定日地距离，推算太阳系大小，他算出的数字直到现在人们仍在采用。

34．G·E·斯塔尔的故事

整个18世纪，在理论方面的突破首先表现在化学上，化学革命的完成和燃素说有关，最终到拉瓦锡止。

燃烧是很古老的现象，人们在原始社会就会利用天然火，后来学会人工取火，火这种燃烧现象使人类由愚昧走向文明。

火和燃烧现象最受化学家关注，因为许多化学过程中均有燃烧现象。人们冶炼金属，需要燃烧；人们做熟食物，也需要燃烧。在18世纪以前，人们崇拜火，认为火是圣物。

17世纪，化学家们大都发现了空气对燃烧的必要性。在这以前，很多人都注意到木柴烧成灰后重量比原来减轻了，由此人们推测燃烧时有某种东西不在了，逃离了。而人们又看到烧后的灰烬不易燃烧，于是很容易认为逃离的东西就是易燃的东西。

当时人们有一种解释惯例，对物质的重量、磁性、光度、热量、弹性等等用某种性质的素解释，由于有了这些素而有了这些性质。

比如说重量是重素起作用，磁性是磁素的作用，弹性是弹素作用，热性是热素起作用，等等。

但谁也没见过这些素，于是人们认为这些素是看不见摸不着、穿透力极其强的东西。这种解释是由于人们的思想单纯造成的，波义尔受这种思想影响，提出"火素"说，他认为火是一种实实在在的东西，是由具有重量的"火微粒"构成。

燃素说最早可以追溯到波义尔的同时代人德国化学家贝歇尔。

贝歇尔于1635年出生，1669年他发表了《地下物理学》一书，提出了三种土元素：玻璃状土、油状土、充质土，一切能燃烧的物体里都有油状土。贝歇尔的三种划分恰好对应古希腊的三元素说，并没有多少独创性，但他提出了油状土逸出的观点，认为燃烧使得油状土逃离，只有玻璃状土留下来。

这个说法在贝歇尔的学生那里系统发展，提出了燃素说，他就是斯塔尔。

斯塔尔1660年出生，是普鲁士国王的御医。他认为燃素到处都有，如果在大自然界，便引发雷鸣电闪，如果存在于活的生命体之中，就构成生物的活力因素。受万物有灵的影响，斯塔尔认为，燃素存在于矿物之中，使矿物燃烧，而且使矿物具有成为它自身的性质，有了燃素，每种东西才是自己，失去了燃素，就是灰烬，灰烬是死的。如果灰烬得到燃素，就可以再成为矿物。

"燃素"一词，来自希腊文，意思是"从火开始"。这个词早就出现了，在斯塔尔那里成为术语流传开来。

燃素说之所以影响很大，主要是因为当时人们的大多数化学反应都可以用它来解释，比如斯塔尔认为，化学变化就是物体释放与吸收燃素的过程。凡是氧化过程，斯塔尔均认为是燃素逃离的过程。斯塔尔还认为，金属生锈与木材燃烧是同一类化学过程，都是失去燃素的过程。

硫磺的燃烧也是释放燃素的过程，之后硫磺变成了硫酸，而硫酸放入松节油加热的过程就是重新获得燃素的过程，硫酸还原成硫磺。

燃素说基本没有科学价值。但是直到18世纪末拉瓦锡发现了氧气之后，燃素说才被推翻。这种错误的观点竟然能流传百年，表明在科学发展的历程中，化学发展的缓慢和不易。而燃素说中所表现出来的人们在习惯思维限制下做出的种种错上加错的行为，为世人警醒。

35. 多米尼科·卡西尼的故事

在意大利，伽利略之后最杰出的科学家就数多米尼科·卡西尼了。

多米尼科·卡西尼1665年生于意大利。同托里拆利一样，他也是深受伽利略影响的科学家。他是意大利著名的科学社团——西芒托学院的重要成员，他在天文学上的许多发现都是一流的。

多米尼科·卡西尼根据伽利略的提示，仔细观测了木星卫星的运行，并且编制了世界第一个木星卫星的星历表，这个工作彻底解决了在海上航行时酌经度位置的准确测定问题。

多米尼科·卡西尼最重要的贡献是对土星的观测。他不仅观测和研究了土星的卫星，而且还研究了土星的美丽的光环。为了研究土星光环的形成之谜，他对土星进行了长时间的详细观测，他最先发现了土星的光环被一道缝隙分成了两个同心圆，因此，直到今天，人们仍旧把这个神秘的光环中间的缝隙称为"卡西尼缝"。以后，卡西尼又通过多次观测，终于得出了正确的结论："土星的光环是由无数小小的卫星组成的。"

多米尼科·卡西尼的工作并不局限于意大利，他在天文学上的杰出贡献很快在世界科学界引起了注意。1669 年，法兰西科学院建立了著名的巴黎天文台，路易十四立即邀请卡西尼到法国主持天文台的工作。在巴黎天文台，卡西尼订购了大型望远镜用来天文观测，并利用良好的工作条件对太阳、月亮和其他行星都进行了更加认真的研究。在对火星的观测中，他发现了火星白色的"极冠"，并拿它同地球的两极进行了比较。1672 年，卡西尼还参加并主持了对火星的一次联合观测，然后由他根据观测的结果推导出了地球——火星的真正距离。

多米尼科·卡西尼的另外一个重要的贡献是：在他的提示和指导下，他的助手丹麦人雷默完成了对光速的第一次测定。以前，许多人都认为光速是无限的，雷默根据多米尼科·卡西尼制定的木星卫星表，利用木星卫星发生"星食"的机会测出了光从木星到达地球所需要的时间。1676 年 11 月 22 日，雷默向法国科学院报告了他的观测结果：光穿过地球轨道大约需要 22 分钟（现代科学测定的结果是 16 分 36 秒）。这个值虽然误差比较大，但是，这是人类第一次对光速的测定，其意义却是相当深远的。

在意大利，尽管有托里拆利，有多米尼科·卡西尼等杰出的科学家继承了伽利略的事业，然而，由于宗教对科学和科学家的摧残、迫害，以前一直是人才辈出的意大利还是逐渐衰落了下来，科学的中心也从地中海岸边转移到欧洲大陆的其他地区。

36. 卡尔·林耐的故事

林耐，瑞典博物学家、植物分类学家，双名命名制的创立者。

1707 年 5 月 23 日，林耐出生于瑞士斯莫兰省的罗斯胡尔特村。父亲是一名牧师，对园艺十分喜好，业余时间经常精心伺弄院子里的各种果树和花草。父亲的喜好对林耐产生了巨大的影响，小林耐也不知不觉爱上了园艺，喜欢识认花草树木，7 岁时，他已经能够识别许多植物，8 岁时就被人称为"小植物学家"了。

林耐是家中的长子，做牧师的父亲希望他能"子承父业"，继任他的神职，于是将他送进了一所教会学校，学习神学知识。可是小林耐对神学却毫无兴趣，老师在课堂上讲《圣经》、"上帝"……他的心思却飞向了窗外一望无垠的田野，那里有他的许多小伙伴——蚂蚱、蜻蜓、野花、野草等动植物。课外活动时间，小伙伴们喜欢做各种各样的游戏，跳绳、打球等，可林耐却喜欢跑到学校后面的小山上，采撷各种各样的植物，然后回家对着书本，按照科学的方法进行分类。

小学毕业后，林耐勉强升入了中学，可他的家境却日益贫困。不久，父亲决定让他退学，改学一门缝匠或鞋匠手艺，作为将来谋生的本领。但幸运之神第一次光顾了他。学校有一位生理学教师罗斯曼，是当地一位有声望的医生，他注意到了林耐喜欢钻研植物学，觉得是这方面的可造之才，于是说服他父亲，挽留他在学校继续学习，并亲自对他进行指导。

罗斯曼借给林耐一本 1700 年出版的法国植物学家杜纳福所著的《植物学大纲》。这本书论述了各种花卉之间的区别和植物分类的方法，知识也比较全面。林耐得到此书，如获至宝，贪婪地阅读着，不到半个月的时间，书上的内容他已了解得滚瓜烂熟了。罗斯曼对他的钻研精神极为欣赏，决定好好培养他。只要有空余时间，罗斯曼就带着林耐到野外去采集植物标本，并详细讲解有关方面的知识，这使得林耐的知识面飞速地扩大，对有关知识的理解也逐步提高。

1727 年，林耐进入隆德大学学习医学，后来又进入乌普萨拉大学学习，虽然主要课程都是有关医学的，但植物学仍然是林耐的最爱，人们在学校图书馆和植物园中经常可以见到他的身影。周六、周日他则经常去野外采集标本。有一次，他在野外采集一种植物标本时，被毒蛇咬了一口，差点丢了性命。但这并没有使林耐退缩，相反更坚定了他战胜困难、勇往直前的决心。

林耐在研究中发现，以前的植物学书籍分类太乱了，而且也很不全面，他感觉很有必要建立一个统一的生物分类系统和命名法。他与同学阿提迪共同确定了一个目标：要对地球上所有植物、动物和矿物进行系统地分类和命名。他很清楚这一目标实现的难度，但既然有了远大的理想，就一定要去努力实现。

在上大学期间，林耐的家庭经济状况依然很糟，开始还能提供一点资助，后来就完全靠林耐自己了。他凭着顽强的毅力和吃苦耐劳的精神，勤工俭学坚持到了毕业。可惜毕业时，他由于交不起考试费，不能参加学位考试而失去了获得学位的机会。毕业后在老师的极力推荐下，林耐留在了乌普萨拉大学担任助教。他一边给学生讲课，一边从事研究工作。他的工作受到了领导和同事的好评。可噩运还是降临到了他头上。有一天，校长面带愧色地对他说："我很抱歉地告诉你，因你未能获得学位，学校学术委员会决定辞退你。你自寻出路吧。"林耐带着愤怒和遗憾离开了母校，来到了瑞典的法龙镇。

在法龙镇，与林耐作邻而居的是一位名叫莫勒的老医生，他对植物学也颇有研究。林耐和莫勒在一起谈起植物学来头头是道，真有一种相见恨晚的感觉，两人成了忘年交。

一年后的某一天，莫勒医生来看林耐，还未进屋，就听见林耐在屋里唉声叹气。于是莫勒不解地问："男子汉大丈夫，有多大问题解决不了的，以至于这样！"林耐依然愁眉不展地说："现在是多好的季节啊！如果能出去考察，一定会发现不少新植物，可是我去哪儿弄到钱来做路费呢?"莫勒医生听后哈哈大笑起来,"就这点小问题啊,这还不好办,我来资助你出国考察。"

有了莫勒医生的资助,林耐开始了长期的野外考察工作。在野外考察中,他发现了不少新植物,也进一步丰富了他的实践知识,后来他又远涉丹麦、德国,到荷兰留学三年,在哈德维克大学获得了医学博士学位。毕业后他到英国和法国进行了长期的考察,这使林耐知识面变得极为开阔,见识了许多以前的植物书上未曾记载过的植物。

后来,林耐回到了瑞典,定居斯德哥尔摩。他决定将自己长期考察的结果整理成文。他一生中共有著作180多种,其中《植物种志》最为出名。这本书从1746年开始写作,历时七年,于1753年出版。这部著作中收集了5938种植物,书中林耐对过去的植物命名进行了革新,创立了"双名命名制",成为后来植物分类学家共同遵守的法则。

成名后的林耐仍然保持了谦虚谨慎、不骄不躁的学术作风和处世原则。西班牙、俄国、英国,德国等许多国家邀请他去担任要职,他却说:"我的生命和我的一切都属于我的祖国,我只能为我的祖国而工作!"

1778年,林耐因病与世长辞。他为瑞典人民作出的贡献,他取得的成果将永世流传,正是他使植物王国由无序走向了有序!

37. 伦哈特·欧拉的故事

人类历史上,数学有三大著名人物,号称"历史上三大数学家"。

他们都可以用伟大来称呼。一是阿基米德，二是牛顿，第三位是高斯。

有人问，第四名是谁呢？他就是大数学家伦哈特·欧拉。

历史上有很多学者，比如说亚里士多德，我们称他是百科全书式的学者。比如说俄国的罗蒙诺索夫，我们也称他是百科全书式的学者。至于近代英国的罗素，更被人称为"大百科全书式的智者"。

欧拉不是大百科全书式的学者，但他拥有一个辉煌的名字，显示了他的专长是天才的和伟大的。

欧拉被称为"百科全书般的数学家"。

欧拉开创了数学史上的欧拉时代。他在当时所拥有的三、四十门数学分支里都有成果，而且都是里程碑式的突破和奠基。

欧拉是神童。如果世界上没有天才的话，最后一个被推翻的"天才"只能是他。也就是说，你必须承认他是，即使你不承认别人。

数学家们评价欧拉："欧拉计算毫不费力，就像呼吸、吃饭、睡觉那样自然，对于他来说，数学计算就像鹰在风中保持平衡一样那么出于本能。"

数学是欧拉的本能。

他有一次只在家里人两次喊他吃饭的时间里就写出了一篇数学论文，就如同三国演义里的关羽"温酒斩华雄"一样，真是令人感到惊讶，同时被他的神奇所折服。

他常常在和孩子们的游戏中，在和人的闲谈中完成高深的数学论文。

他双目失明以后，整个世界所有角落的数学公式全都在他的脑子里，他的头脑比别人的笔和计算工具都要准确和快捷许多倍。

他那时年事已高，但能脱口而出自然数前 100 个质数的 6 次方是多少。他的心算也是神奇的，不仅仅是加减乘除，还有平方开方，一直到对数三角函数，就连高等数学中的微积分和收敛级数等等，无所不能。

有一次，欧拉的两名学生计算复杂的收敛级数，他们把前 17 项求和。结果两人算到第 50 位数字时相差一位，于是请教欧拉。双目失明的欧拉为了确定结果，用心算计算了整个过程，结果把错误找出来了。

欧拉是 1707 年 4 月 15 日出生的。他的出生地就是伯努利家族所在地，瑞士的第二大城市巴塞尔。

欧拉的父亲保罗·欧拉是一位基督教的教长，精通数学。他本来希望欧拉能够接任他的职位，学习神学，也做一名牧师。后来发现聪明的欧拉对数学十分感兴趣，而且具有数学天赋，于是便传授欧拉数学知识。

这样，父亲成为欧拉的第一位教师。欧拉进入数学启蒙的殿堂。

有一个故事至今还在流传。小时候，欧拉刚七岁那年，父亲让欧拉学习神学，进了巴塞尔的神学学校。一天，老师讲到："天上的星星是上帝亲手一颗一颗地安上去的。"欧拉问老师，"天上这么多星星，到底有多少颗呢？"老师回答说不知道。欧拉问："既然是上帝造的，上帝为什么也不知道星星的数目呢？"

从此，欧拉把注意力转向自然科学与数学。

1719 年，父亲为了试探一下孩子究竟有多大的数学才能，给他出了一道题。当时，家里要重新修砌羊圈。老欧拉说："孩子，家里用的修砌羊圈材料总共只有一定的长度，要用这些材料修成一个占地面积最大的羊圈，而且修成方形的，应该怎么办呢？"

欧拉当时年仅 12 岁，很快告诉父亲答案，是正方形羊圈面积最大。的确，在长度一定并且必须是方形的情况下，正方形的面积最大。

巴塞尔大学的一位数学教授得知了这个消息。这位教授就是赫赫有名的伯努利家族成员，第二代数学家约翰·伯努利。他是提出物理学上著名的伯努利方程的丹尼尔·伯努利之父。

约翰来到欧拉家里，双方互相介绍认识之后，约翰讲明来意，巴塞尔大学要破格招收欧拉。欧拉的父亲很是犹豫，他对约翰说："尊敬的教授，感谢您的好意，可是我希望儿子成为一名神学家。"约翰说："尊敬的教长，您的选择应该慎重，要考虑孩子的天赋和才华，您知道，这是很惊人的。"

终于，老欧拉同意儿子学习数学了。1720 年，刚 13 岁的欧拉通过考试和测验，进入了著名的高等学府——巴塞尔大学。

欧拉年龄很小，但是在学校里的成绩突飞猛进，名列前茅。他博闻强记，思维能力极强。

约翰·伯努利教授拿出单独的时间来教他数学。欧拉结识了尼古拉·伯努利和丹尼尔·伯努利，他们成为很好的朋友，也正是在良师益友的影响下，欧拉顺利地从事着数学工作。

大学毕业，欧拉取得了硕士学位，成为巴塞尔大学最著名的硕士，因为他是有史以来取得硕士学位最年轻的人。

1726 年，欧拉发表关于船桅的最佳位置的论文，荣获巴黎科学院的奖金。

伯努利家族后来去了俄国彼得堡科学院工作，欧拉也被邀请。欧拉在俄国成家立业。

1735 年，28 岁的欧拉由于勤奋工作，长期伏案，结果右眼失明了。因为他长期看书并观测太阳，导致视力极度退化。

1733 ~ 1741 年，欧拉在彼得堡生活，他有很多事情要做。他担任了彼得堡科学院的数学领导人，要承担运河改造的方案，还要审核很多设计，还要制定度量标准，以及为气象观测、建筑部门做技术指导和测试。

就这样，在各种琐事中完成了一部又一部伟大的著作。欧拉是一位创作多产的数学家，他的很多研究成果至今人们还没有完全利用，大多具有很高的科学价值。他的著作堆在屋子里，几乎成了书山、纸山。

著名的"七桥问题"，凝聚着欧拉的研究心血。

哥尼斯堡，位于现在的加里宁格勒。在哥尼斯堡，有一条河名叫勒格尔河。

勒格尔河上修有七座桥，并且有两条支流，一为新河，一为旧河。三河在城中心汇合，在合流处是哥尼斯堡的商业中心哥尼斯岛。

问题是：一个人能否一次走遍所有的七座桥；每座桥只准通过一次，无论来回，最后仍然回到出发点呢？

欧拉把所有可能的走法全都列举出来，他先计算了一下，发现共有 5040 种走法。那么要是全都画出来，看一看有没有可能满足以上问题，太笨了。而且数目更多的河与桥怎么办？

显然，一一去数，不是办法。

于是欧拉把地图抽象为几何问题，他想到把岛和陆地看成四个点，把桥看成七条线。点与线的关系成为研究的焦点。

就像下面的图形：其实，画成什么样都行，不管是直线还是曲线，只要连接关系不变就可以。第二个图就是著名的"欧拉金蝉"。它像不像抽象了的带翼的蝉？

如此一来，问题就改变成：以上图形能不能从 A、B、C、D 四点中任意一点出发，绕过所有的线路，不重复，而最终回到这一点？

1736 年，欧拉研究了这个问题后写出来他的成果："几何学中，除了早在古代就已经仔细研究过一种几何，就是不关心量和量的测量，而关心的是位置。我们应该考虑一下仅仅研究各个部分相互位置的规则，不研究尺寸大小，这可以称为位量几何学。"

欧拉指出，如果从一点出发，引出来的线是奇数条，就称这个点叫奇点。比如图中的 A 点就是奇点。其实，上图 A、B、C、D 四

169

点都是奇点。

如果从一点出发，引出来的线条是偶数条，我们就把这个点叫做偶点。如三角形的三个顶点，正方形的顶点。当然，如果把正方形的两条对角线也画出，就是奇点了。

点和线不管长度和形状，相连而成网络。

问题又可以进一步变成：网络怎样才能一笔画出。

欧拉通过研究，得出来结论：

若能一笔画出一个网络，必须查看网络中奇点偶点的个数。如果网络奇点的个数是2或者是0，那么就可以，如果是其他情况，那么都画不出来。

考察一下七桥网络，它的四个点全是奇点，也就是说，网格中的奇点个数是4，所以要想满足七桥问题，是没有这样的路线存在的。

欧拉的研究超出了传统欧氏几何的范围，奠定了"网络论"几何的基础，开辟了"拓扑学"之先河。

在欧拉的著作中，不同的数学领域都有他的定理，尤其是数学分析。人们惊讶地称他为"数学分析的化身"。

在复变函数中有欧拉函数；

在数论中有欧拉定理；

在变分名题中有欧拉方程；

在刚体力学中有欧拉角；

在拓扑学中有欧拉数；

在初等几何中有欧拉线；

在归纳法中有欧拉提出的 $2n$ 表示的名题……

欧拉不愧是数学的丰碑。

他一生勤奋，拥有天才的能力，所以取得最辉煌的成就。如果一个人是天才，但不做出努力，最终如"伤仲永"；如果一个人勤奋，那就依才能而定。只有勤奋加天才，才能成为丰碑式的顶点人物。

欧拉主要在俄国、瑞士、德国之间奔走。他28岁右眼失明，1727～1741年在俄国担任学术领导人，但是俄国政府十分腐败，更不重视各种基础研究。于是1741年，欧拉接受了德国普鲁士国王腓特烈大帝的邀请，来到柏林科学院。

在柏林，他担任科学院物理数学研究所的所长，还为皇宫子弟讲课。

在俄国，他曾经运算过彗星轨道，只用了三天他就完成了一般数学家三个月的计算量。

在德国工作时，欧拉提出了"三十六名军官问题"。

传说是这样的：

腓特烈要求，从每支部队中选派出6个不同级别的军官各一名，共36名。这6个不同级别是c上校、中校、少校、上尉、中尉、少尉。

他要求这36名军官排成六行六列的方阵，使每一行每一列都要有各部队、各级别的代表。军官们没有完成任务，没能设计出这样的方案。

欧拉花费数年时间研究这个问题，得出结论，这是排不出来的，他还进一步研究了一般性的情况，并提出一个猜想，认为22阶、10阶等形如$4m+2$阶数的方阵是不存在的。

后来，几位数学家推翻了这个猜想。但是人们命名为"欧拉方阵"的方阵研究，对数理统计起了重大作用。

欧拉与普鲁士国王腓特烈的相处不好。正在这时，俄皇叶卡杰琳娜二世盛情邀请。

1762年，欧拉返回彼得堡。在他59岁时，他的双眼全部失明了。这对一般人来说打击是沉重的。然而欧拉在黑暗中整整17年依然工作和研究。

他性格乐观，开朗热情。他一生发表的成熟著作有 *860* 多篇论文，其中 *400* 多篇是双目失明后研究得出的。

然而不幸接连而至，*64* 岁的欧拉遇上了大火灾。住宅着了火，他差点葬身火海之中。仆人把他救出来，然而异常不幸的是：他的著作几乎丧失殆尽！

我们所有的读者看到这里心都会一沉，因为欧拉的成果和藏书是他一生的心血，不仅仅是他个人的生命凝聚，而且如果这些著作丧失，将会有多少伟大的发明和发现不知要经过几百年要由几百个人才能重新做出来！

然而，天才在这时充分展示出来：

坚强的欧拉毫不灰心，这位年近古稀的老人开始口述，由他的大儿子 Ａ·欧拉记录，把自己损失的著作一卷一卷地口述出来，他的脑子宛然一部百科全书！他不仅将自己失去的著作全回忆出来，而且借回忆口述的机会全都订正心算加以完善，更加完美！欧拉与拉格朗日，都被称为是当时伟大的数学家。欧拉的品质和业绩真正令人感动和无限钦佩。

1783 年 *9* 月 *18* 日，法国的蒙特哥尔要举行第二次乘坐气球升空试验。欧拉的计算气球上升定律成功了，为了庆祝，他请朋友们到家中聚餐。

饭后，欧拉计算刚发现的天王星的轨道公式，与大家谈笑，还给孙女讲故事，这时他的烟斗掉在了地上，老人安详地永远熟睡了。

1707—1783 年，欧拉时代。

让我们记住他多舛命运中的顽强意志吧，他是一个战胜了命运的人："如果命运是块顽石，我就化作大铁锤，将它砸得粉碎！"

38. M·B·罗蒙诺索夫的故事

M·B·罗蒙诺索夫，在俄国堪称伟大的学者。他是一个百科全书式的科学家。在他二十余年的研究生涯中，取得了多种学科成就。他的研究遍及化学、矿物学、物理学、天文学、冶金学、航海、地质、语言、历史、教育、哲学和文学等领域。

他 1711 年生于俄罗斯北方的一个小岛，父亲是渔民，家境贫寒。19 岁之后，他去莫斯科上学，1936 年进圣彼得堡学院并去德国留学。

1745 年，成为俄国科学院的教授。他独立提出了物质和能量的守恒定量，并且创办了莫斯科大学。正是他为俄罗斯科学打下了基础，成为"俄罗斯科学之父"。

在 18 世纪以前，俄罗斯的化学登不上大雅之堂，正是罗蒙诺索夫使俄国化学在世界拥有了自己的位置。

我们知道，燃素说是从斯塔尔那里系统起来，一直影响到 18 世纪的。

燃素说认为物体中含有燃素，燃素逃离的过程就是物体燃烧的过程。为什么能冶金，就是因为矿石里没有燃素，木炭里有燃素，加热后矿石从木炭中夺走了燃素，所以矿石变成了金属。怎样证明金属中也含有燃素呢？可以用煅烧来证明，经过煅烧，可以发现有灰渣，灰渣不能燃烧，证明燃素逃离出去了。

1748 年，罗蒙诺索夫建立了俄国第一个化学实验室，开始着手研究"燃素说"。他要通过实验来证明"燃素"到底存在与否。

在此之前，罗蒙诺索夫在德国留学时，就开始怀疑燃素说。

罗蒙诺索夫用了专用的容器，把称好重量的金属装少、容器中，有铅、铁、铜等物。这些金属装入不同的容器，开始加热。渐渐地金属熔化了，之后慢慢冷却。在整个实验过程中，罗蒙诺索夫把容器全都封死了，别的东西进不来，空气也不可能流通。

按照燃素说的说法，燃烧是外界的火微粒进入物体之后才产生的，而罗蒙诺索夫把容器封死后，依然能燃烧，假如火微粒不能进入容器，燃烧就不应该发生。有人说，火微粒是可以穿墙越壁的。

那么好办，燃素应该逃离出去，称量一下冷却后的灰渣就可以了。结果发现灰渣不仅没有减少重量，反而加重了。

这样，罗蒙诺索夫就找到答案了。原因就在空气之中。果真，空气的重量比原来减轻了。

1760年，罗蒙诺索夫在《论固体和液体》一书中写道："自然界中的所有化学变化，是一种物质失去多少，另一种物质就增加多少的过程。也就是说，一个地方失去了多少东西，另一个地方就增加多少东西。世界万物只有从一种现象变为另一种现象，只有变化，没有无中生有，也没有从有到无，物质是转化的。"这之后，拉瓦锡取得了更大的进步，建立了燃烧理论。

罗蒙诺索夫是世界第一个观测并记下水银凝结现象的人，还是第一个发现金星有大气存在的人。

俄国大诗人普希金称他为"俄罗斯的第一所大学"。

39. 亨利·卡文迪什的故事

卡文迪什，英国著名的物理学家、化学家，一生成就显著。

1731年10月10日，在法国尼斯的一个世袭贵族家庭，一个男孩呱呱坠地了。父母将他取名为亨利·卡文迪什。他们对这个孩子寄予了很大的期望，希望他能继承父母的衣钵，光宗耀祖。谁知这个男孩后来竟成了一位伟大科学家。

由于家庭经济殷实，在卡文迪什很小的时候，父亲就请来了家庭教师，对他进行系统的正规教育。卡文迪什聪明过人，深受老师和父母的喜爱，但他的志向却不是长大后到得豪斯学院攻读，然后循着父亲命定的路走。在学校里，随着知识面的拓宽，他发现自己的兴趣点在科学研究上。于是在 1753 年，卡文迪什没有毕业就来到伦敦，开始了自己的科学生涯，主要研究物理学和数学。他兴趣十分广泛，这使他后来不仅在物理学上取得了重大成就，在化学上与一般化学家相比也毫不逊色。

卡文迪什在物理学上最主要的成就是通过扭秤实验验证了牛顿的万有引力定律，确定了引力常数和地球平均密度。他在青年时代就有了一定的研究成就。1760 年，他被选为英国皇家学会会员。这是对他成就的一种肯定，但当时他觉得还远未到达自己所期望的目标。于是他更加努力地工作，经常每晚只睡五六个小时。他的家庭很富有，他却终生未婚，一心投身于科学研究。他把客厅改作实验室，在卧室的床边放着许多的仪器。日复一日的辛劳，终于换来了收获——1798 年，卡文迪什根据约翰·米切尔设计的方法制作成一台扭秤，它由轻质杆上固定着的两个质量很小的铅球组成，外观像一个哑铃，用掺银的铜线作扭丝把它悬挂起来，铜线上面附有一面小镜，然后用两个质量大的铅球分别靠近这两个小球，这时候哑铃就发生旋转，小镜也跟着偏转。就是凭借这个试验，卡文迪什证明了万有引力的正确性，并且测得引力常数 G 是 $(6.754 \pm 0.041) \times 10^{-8}$ 达因·厘米^2/克^2，这个值同现代值 $(6.6732 \pm 0.0031) \times 10^{-8}$ 达因·厘米^2/克^2 相差无几。卡文迪什还测定了地球的平均密度是水的 5.48 倍，误差是 ± 0.14，而现代值是 5.518 倍。这些精确的试验结果都是在当时较差的条件下做出的。由于他称出了地球的质量，被世人誉为第一个称地球的人。

此外，卡文迪什在电学方面也作出了相当大的成就，但是他的大部分研究成果生前没有公开发表。直到19世纪中叶，英国物理学家开尔文勋爵在查阅皇家学会档案的时候，才意外发现了卡文迪什的手稿。开尔文对这些手稿仔细研究后大吃一惊，这里面包含的成果太丰富、太有价值了，涉及反平方律和静电电容、电容率、电热概念等多方面的研究成果。开尔文对卡文迪什的这些成果未公开发表深深地感到遗憾。后来，英国著名物理学家麦克斯韦对这些手稿进行了整理，于1879年以《尊敬的亨利·卡文迪什的电学研究》的书名公开出版。据记载，如果卡文迪什的成果在生前能够发表，许多电学研究成果发现者的名字将会改为卡文迪什，这不能不说是科学界的一大遗憾。

卡文迪什不仅是一名伟大的物理学家，他还是一名杰出的化学家，在化学上作出了许多突出的成就。1766年，他证明了氢气的存在，并且验证了氢气能够燃烧，这在他的论文《人造空气》中有详尽的阐述。他还对二氧化碳做了研究。1783年，他弄清了大气的成分。1784年到1785年，他确定了水是一种化合物。后来，卡文迪什还对硝酸的组成、空气中存在惰性气体等问题作出了富有成果的研究。甚至在今天，只要提到卡文迪什的名字，化学界人士无人不知，无人不晓，对这样一个学物理的人在化学上取得的成就感到由衷钦佩。

卡文迪什的生活简单而有规律，他一生很富有，从不为生计而奔波劳碌，他生活中的主要内容就是读书、写论文、做实验。他家中收藏了大量图书，而且几乎每一本他都仔细地研读过。他可以说是活到老、学到老、工作到老。直到逝世前夜，他还在实验室做实验。卡文迪什一生富有而不吝啬。有一次，他的一个仆人因病生活困难，向他借钱，他毫不犹豫地开了一张一万英镑的支票，还问够不够用。在科学界，人们称他为"科学圣人"、"科学巨擘"、"最富有的学者"、"最博学的富豪"。

1810 年 2 月 24 日，卡文迪什因病去世，享年 79 岁。人们为了纪念这位伟大的科学家，特意为他立了纪念碑。剑桥大学还把卡文迪什工作过的实验室命名为卡文迪什实验室，这个实验室后来成为培养科学家的摇篮。

40. 威廉·赫歇尔的故事

在 18 世纪以前，人们只知道太阳系的六大行星：金星、水星、地球、火星、木星和土星。那时的人们认为土星是太阳系的边缘，土星是离太阳最远的行星。

1781 年 3 月 13 日，在英国居住的德国天文学家威廉·赫歇尔观测星空。他用望远镜观察金牛座，搜寻恒星。

正是晚上 10 点多钟，是观察星星的大好时机。整整 7 年了，赫歇尔养成的习惯是每晚观测星空。他自己制作成功反射式望远镜，用来求得准确的结果。

突然，有一个暗蓝色的天体在星座间缓缓移动。用赫歇尔自己的话来说，"星云状恒星或彗星"显出了圆面。根据颜色和形状判断，这不是恒星！

没有恒星能够在望远镜里显出圆面，这是赫歇尔的经验。连续观察几天后，赫歇尔发现这颗星的轨道近似一个圆，也就是说，与行星相似，而它的轨道在土星的外面，这个发现太令人激动了。

原来，很多人其实看见过这个新星，不过都把它当成了恒星，有人把它当成了彗星，连赫歇尔一开始也误认为它是一颗彗星。

不容置疑的证据是：望远镜中出现了圆面。就这样，新的行星发现了。

天文学界轰动了，英国也被震动了！太阳系被扩大了，哥白尼"日心说"又添加了有力的证明。人们的视野更加广大，思维更加开阔了。19世纪另外两颗行星就是受此影响发现的。

1733年11月15日，弗里德里希·威廉·赫歇尔出生于德国的汉诺威。他的父亲是一名乐器演奏员，在军队中服役。

14岁时，赫歇尔就接了父亲的班，当上了军乐队里的乐手。但是他并不想当兵，于是辞去了职务，搬到英国居住。在英国，他赖以谋生的手段是教授音乐。他做过乐队指挥，后来还当了教堂风琴手，同时教人音乐演奏。这样，赫歇尔的收入还算可观。

但他不仅要养家糊口，还要进行研究。他对天文产生了极大的兴趣，读了光学和行星的著作，于是开始观察天空。但要观察天空，必须要有望远镜。

望远镜很贵重，好的望远镜更加贵重。于是赫歇尔决定自己做，因为他实在买不起贵重的望远镜。他自己反复制作打磨，做出了一架十分优质的望远镜。

后来，赫歇尔的妹妹也来到了英国，兄妹二人都是天文爱好者，二人一起做望远镜，就这样，1774年他们做出了世界上最好的望远镜。正是这架望远镜，使赫歇尔取得了惊人的发现。1787年，他们又制成了口径为45厘米的中型望远镜。1789年，赫歇尔又制成了口径是122厘米的望远镜，这是他一开始制作的望远镜的8倍。

就这样，一名默默无闻的音乐人成为举世闻名的天文学家，人们称赞他是天空开路人。

新的行星发现了，如何命名呢？

有的提议，就叫"赫歇尔"星吧，"这可不行，"赫歇尔反对道，"我是一个平凡的人，不能因为有一点点成绩就居功自傲。"

按照惯例，新发现的人拥有命名权。赫歇尔和大家讨论来讨论去，最后同意，就依照前面五大行星吧。前五大行星的命名都是统一的希腊神话中神的名字。于是，天文学家波德起了一个名字：乌兰纳斯。

在希腊神话中，乌兰纳斯是土星神名所代表的神（萨都恩）的父亲。我国在翻译时译成了天王星。

赫歇尔就是发现天王星的第一人，他的妹妹是人类历史上第一个女性天文学家。

因为这巨大的发现，赫歇尔如愿以偿地成为一名职业科学家。1781 年，皇家学会决定吸收赫歇尔为会员。

英王乔治三世亲自接见这位异邦侨居的而且是业余的科学家，册封他为皇家天文学家。他的薪金每年达到 200 镑，可以专门从事天文研究。

赫歇尔研究了星团和星云。

他发现，在茫茫宇宙的区域里，有很多地方的恒星密度十分大，恒星集中，远远高于其他天域，于是他想到这应该是恒星成团出现。他的先进的望远镜，使得很多被误认为是星云的恒星团以真实的面目呈现在世人面前。当然，星云也确实存在，这一点赫歇尔也已指出。

1800 年的时候，赫歇尔用十分精确的温度表进行实验，他研究太阳光谱的各种色光的热作用。在这个过程中，赫歇尔发现了太阳光中的红外线作用。他科学地推测得出了红外辐射的性质。

在赫歇尔那里，诞生了彩色光度学。

他对双星的研究做出了重要的贡献。他发现了在恒星中有互相绕行的双星现象。人们大多数情况下都认为双星之间是纯粹偶然，没有必然的规律。赫歇尔却告诉人们，双星存在着科学的引力作用，牛顿定律不仅仅在地球和太阳系，就是在遥远的恒星上，万有引力的定律也是正确的，双星就是宇宙空间内万有引力定律的强有力证明。

1782 年，赫歇尔发表了双星表，记载了共 227 对双星，到 1784、1821 年两次增加，共增加 579 对。

赫歇尔对天文的观测一向以准确、精细著称。

他对恒星采用计数的测量方法。他先确定好星空位置，一步一步地，详详细细地把这个位置内的恒星数出来，做好记录。

通过恒星计数，赫歇尔发现太阳系可能是处在银河系中心附近的地方，而不在银河系的正中心。现代的观测证明了他的推断。

通过恒星计数，赫歇尔还发现银河系的形状，他指出银河系是一个扁平状的圆盘一样的数以千亿万亿计的星体组成的物体。

1783 年，赫歇尔取得了又一重大的天文学成就。这可以算为他的几大重要功绩之一。他通过研究数颗恒星的运动，发现太阳系正在发生偏移。太阳自己也在运行，它不是在空中不动，而是朝武仙座以极其缓慢的速度推进。

只不过因为这实在太微小了，人们难以觉察出来。赫歇尔打破了太阳静止的假说。更进一步说明，茫茫宇宙没有中心，太阳系也不是真正的中心。这些论证和天才的布鲁诺的哲学推测相符。让我们更加赞叹布鲁诺的天才预见能力，也更加缅怀这位人类进步史上真正的英雄。

赫歇尔制作的最先进的望远镜是在十个助手的协助下完成的。这是一巨型望远镜，整整用了四年时间，赫歇尔才完成了 40 英尺长，口径 48 英寸的望远镜的制作。

利用先进的天文望远镜，他发现了土星的两颗卫星。

但是这个大望远镜因为太重而变了形。

赫歇尔在南非的好望角建立了天文台。

他的儿子约翰·赫歇尔也成为著名天文学家，父子二人共同创建了英国皇家天文学会，他荣任第一任会长。

1822 年 *8* 月 *25* 日，赫歇尔逝世。

这位自学成才的天文学巨匠，是 *18* 世纪最伟大的天文学家。

41．奥古斯丁·库仑的故事

1785 ~ 1786 年，法国物理学家库仑发现了电荷相互作用的定律，这一定律标志着电学成为科学。

库仑本来学习的是工程与建筑学，也就是说，他是一位工程师。库仑曾经在法国巴黎的军事工程学院学习，那时他开始阅读牛顿的有关著作。

在 *18* 世纪 *40* 年代，荷兰的实验中发现了玻璃瓶储电现象，物理学教授马森布罗克发明了莱顿瓶。这种设备其实很原始，它却在电的研究上起了巨大的作用，因为电无法触摸，更不好控制。

人们早期研究电现象时，只是忙于观察放电以及导电等性质，还不知道电的度量。在静电研究中，到底怎样测定电量是一道难题。

在静电研究工作中，有两个人的工作我们要充分肯定，即卡文迪什和库仑。

卡文迪什是科学怪人。

现在世界上有著名的卡文迪什实验室，就是剑桥大学为纪念这位伟大的科学家而建立的。卡文迪什终生未婚，献身科学研究。

他是英国人，贵族出身。因为他的性格郁郁寡欢，很孤僻，不爱凑热闹，也不把研究成果发表出来，只是一味地研究，所以他被称为"科学怪人"。后人认识到了他的很多价值，而他在当时并不为人所注意，只是因为他的遗稿被人发现，许多天才的创见才没有埋入地下从而得见光明。

　　卡文迪什用英国地质学家米切尔发明的扭秤测出了万有引力常数，在电学方面做出了富有开拓性的工作。但是，直到半个世纪之后，他的工作才被人发现。卡文迪什取得了当时世界第一流的成就，但是由于湮没了 50 多年，因此已经有别的科学家提出了某些论点。没能充分利用上卡文迪许的研究，是物理学界的遗憾，这主要与卡文迪什本人有关。

　　卡文迪什用扭秤测万有引力常数，库仑用扭秤测量电荷之间的相互作用力。

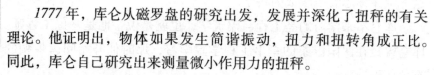

　　1777 年，库仑从磁罗盘的研究出发，发展并深化了扭秤的有关理论。他证明出，物体如果发生简谐振动，扭力和扭转角成正比。同此，库仑自己研究出来测量微小作用力的扭秤。

　　库仑发明的扭秤，其实是一条很轻的水平铁片。在铁片中点上，系着一根长长的细铁丝，整个装置挂在玻璃匣之中，这样就是扭秤了。

　　库仑把一个带电的球放在铁片一端，另一个带电的球放在铁片的另一端，这样，扭秤就会转动。从而可以发现两个带电球体间的作用力。库仑计算出，这力与球体中心间的距离成平方反比。

　　虽然如此，库仑发现了电荷间的电力关系，但是具体电流量的大小很难测出。

　　卡文迪什所用的方法是感觉法。他用手指抓住电极的一端，电流要么到腕关节，要么到肘关节，甚至到身体，由此来估量电流是强还是弱。

　　这终究不是长久之计。库仑想出一个中间物体。他最终发现，电的引力或斥力与两个小球上的电荷之积成反比例。他和卡文迪什都认识到了这一点。

电学定性定量分析从此开始了，人们把这个关系称为库仑定律，它和牛顿万有引力定律出奇的相似。大自然真是奇妙莫测，遍透玄机。

42. 安东·拉瓦锡的故事

安东·拉瓦锡，法国著名化学家。他是"氧化说"的创始人，对燃烧问题做过一系列实验，被称为现代化学之父。他于 1743 年出生于法国巴黎。

18 世纪以前，化学发展极为缓慢。在拉瓦锡生活的 18 世纪中后期，化学也还只处于"搜集材料"时期，人们只是把它看做制药业的副产品，戏称为"丫环"，而且还是一个笨头笨脑的"丫环"。

当时人们普遍认为"水可变木"、"水可变土"。拉瓦锡对此表示怀疑，他决心用"事实来说话"，用实验来说明问题。

他在自己的实验室里安上一个体积很大的蒸馏瓶，然后把冷却后的蒸馏水灌入一个大烧瓶中，封好瓶口，称好重量，放在酒精灯上日夜加热。加热到第 25 天时，水开始混浊，27 天时出现了固体微粒，30 天以后瓶内出现了沉淀物，人们可能就是据此认为"水可以变土"的。但是拉瓦锡经过冷静分析后认为这是一种"假象"。他在加热到 30 天以后并没有停止，而是继续加热，直到第 100 天时才停止。

加热停止以后，拉瓦锡将冷却后的烧瓶和蒸馏水称了一下，它们的重量与加热前一模一样，没有任何变化。然后他又把蒸馏水单独称了一下，也与加热前相等。他又把渣滓和沉淀物的重量称了一下，共 1.74 克。当拉瓦锡再转过头去称空烧瓶的重量时，他惊奇地发现正好比加热前轻了 1.74 克！

"百天实验万岁！"拉瓦锡和他的助手们欢呼起来。这个实验显然证明了"水变成土"的假说是不正确的，水蒸发后沉淀下来的"土"来自容器而不是来自水。

拉瓦锡的这个实验引起了人们的高度重视，传说的观点不断遭到人们的怀疑，科学家们竞相用实验去验证传统的理论。

当时社会上有一种权威理论，即认为物质之所以能够燃烧是因为其中含有一种"燃素"，物质燃烧时，它本身所含的"燃素"就跑了出来。即使本身不含"燃素"的物质，如果吸收了"燃素"，就可以燃烧。"燃素说"已经统治了化学界 100 年之久，很少有人对此表示怀疑。

然而，拉瓦锡却从不准备对前人的理论原封不动地接受，对"燃素说"也不例外，他准备用实验来说明问题。从 1772 年开始，他就着手研究燃烧问题，并进行了一系列的实验。

1774 年，英国化学家普利斯特列通过加热氧化汞制备了氧，并用老鼠和植物进行了氧的特性实验。但他未能摆脱"燃素说"的束缚，认为这是一种"无燃素气体"。这年 8 月 30 日，拉瓦锡收到了瑞典化学家舍勒的一封信。信中舍勒建议他做一个能得到一种"火焰空气"（实际指的是氧气）的实验，但拉瓦锡对这封信并没有给予足够的重视。10 月，普利斯特列访问巴黎，拜见了拉瓦锡，向拉瓦锡介绍了自己发现"天燃素气体"的实验。拉瓦锡又想到了舍勒的"火焰空气"，这时他才开始对这类实验重视起来。

1774 年 10 月到 1775 年 3 月，拉瓦锡重复了普利斯特列和舍勒的实验，经过认真的研究和思考，他科学地总结了波义耳、舍勒、普利斯特列等人的研究成果。接着在 1778 年，他又把"火焰空气"称为是"空气中的纯部分"，"可供呼吸的部分"，后来又把它命名为"氧"。这种观点大大突破了"燃素说"的思想束缚，取得了历史性的突破。

1783 年，他发表了《燃烧通论》一书，系统地提出了"氧化学说"。为此，他组织了一次家庭舞会，以纪念这一具有历史意义的事件。舞会开始时，拉瓦锡手中高高举起他新出版的《燃烧通论》，当着众多来宾的面庄严宣布："水是氧和氢化合的产物"。他的夫人则当众烧毁了德国化学家、普鲁士国王的御医斯塔尔的燃素说著作，象征性地宣告燃素时代的结束、新的化学时代的到来。

拉瓦锡的化学理论像革命的风暴一样，摧毁了"燃素说"。可是在《燃烧通论》出版后的第八个年头，他自己在政治上却被革命风暴吹倒了。

1791 年 1 月 27 日，法国资产阶级革命民主派的杰出代表马拉在他主编的《人民之友》上公开点名抨击拉瓦锡。这主要是由于拉瓦锡和法国路易王朝的联系过于密切，某些言论难免受到王室的影响。而马拉在广大人民群众中享有崇高的威望，他的点名攻击无异于死刑宣判。很快，革命政权下令逮捕了拉瓦锡。

1794 年 5 月，法庭公开审判拉瓦锡，拉瓦锡的辩护律师在辩护中请法官考虑到拉瓦锡在科学上所做的特殊贡献，希望能从宽处理。可是法庭副庭长科劳霍尔却说："共和国不需要科学家！"

拉瓦锡在法庭的最后一次陈述中说："我愿意被革命政权剥夺我所拥有的一切，只要允许我做一名普通的药剂师，做一点化学试验。"但法官迈兰却说道："法国的学者已经太多了！你要想幸免一死，根本不可能。"

"既然法庭非要宣判我死刑，那我提出最后一个请求，请求法庭缓刑两个星期。我在入狱前正在做一个关于汗的分泌的重要实验，让我做完这个实验再去死吧。"拉瓦锡最后一次恳求法官。

"现在是革命时期，你那个汗的分泌实验对革命会有什么用呢？"法官以一副嘲讽的口吻反问。

就这样，1794 年 5 月 8 日，拉瓦锡被推上了断头台。

拉瓦锡死后，法国数学家说了一句这样的话："砍下拉瓦锡的头颅只需要一瞬间的工夫，但是要再重新产生这样一颗头颅，法兰西也许要等上一个世纪之久！"

43. 约翰·拉马克的故事

约翰·拉马克是进化论的伟大先驱者。

1744 年 8 月 1 日，拉马克出生了。他是家里的第十一个孩子。而在他前面的十位哥哥和姐姐却早早地夭折了。

拉马克的家庭是破落贵族出身，父母遭受了众多的打击，实在不愿意看到这个小儿子再有什么不测，于是让他学神学，以便将来成为一位牧师，过平平安安的日子。

但拉马克不愿担任神职，他很孝敬父亲，不愿惹他生气，也不愿让父母担心。父亲去世后，拉马克便不再去教会学校了，而是参了军。

正值普法战争之际，拉马克参加了法国志愿军。在战争中，拉马克表现英勇突出，很快被提升为上尉军官，不走运的事情是，他患了颈部淋巴腺炎，被迫退役。拉马克的梦想破灭了，他很想做一名军官。

军官做不成，拉马克又由于退役金太少，去银行找了一份差事。在这期间，拉马克接触到了气象学，他对自然科学产生了浓厚的兴趣。

但是他的人生选择游移不定，他又去巴黎高等医学院进修，一度想成为银行家的他又想做一名医生了。医学课中的必修课有一门便是植物学。

25 岁的拉马克在学习植物学时，常常去特里亚农皇家植物场和巴黎植物园去观察植物，那里也经常有许多演讲。

1768 年，生物史上一个有意义的时刻出现了：

拉马克虽然对植物学感兴趣，但又拿不准到底该怎么做。他打过仗，当过银行职员，现在又学医、学植物，直到近三十岁，还没有什么成就，也没有一个稳定的选择，所以很是苦闷。

这天，拉马克徘徊在植物园里，若有所思，望着一处处的植物出神。巴黎植物园游人如梭，风景优美，但拉马克似乎视而不见。这时，一位年近六旬的老者走来，二人交谈起来。拉马克与这位老者一见如故。

老人的谈话幽深而且隽永。他是那么富有智慧，句句如启天籁。拉马克心中的许多迷雾如同被大风吹走一样，拨开迷雾的话语使他心中充满了阳光。

拉马克通过谈话，决心要走上科学研究之路，献身生物科学。他和老者也相互认识了，原来这位老者就是伟大的启蒙运动的思想领袖和先驱者——卢梭。

拉马克向卢梭请教，他们还一同采集过标本，商量问题。特里亚农皇家植物园的园长是一位著名的植物学家，名叫朱西厄。他自己独立地提出过自然分类法体系，在学术界享有盛誉。他很欣赏拉马克的才能，热情地帮助拉马克，尽自己的经验和条件倾囊相赠。

拉马克从 1768 年下定决心研究植物学开始，经历了 10 年的辛劳。

1778 年，三卷本的《法国植物志》出版了。通过这部书，拉马克进入了法国科学界。植物学家很重视他的研究。

法国皇家植物园园长布丰很欣赏拉马克。在他的努力下，1779 年拉马克当选为法国科学院院士。布丰于 1782 年帮助拉马克求得巴黎皇家植物园植物学家的头衔。器重拉马克的布丰，还聘请拉马克做自己孩子的家庭老师，为拉马克解决经济困难。

拉马克作为园长儿子的导师，出国考察访问，游历了匈牙利、奥地利、德国、荷兰等地，这丰富的阅历为他以后提出进化论奠定了广博而深厚的知识基础。

拉马克终生贫困，他年轻时没能获得多少金钱，而他后来又遭到守旧势力的刁难和攻击，一直没能过上优裕的生活。

1782～1791年，他被委托编写了《植物学辞典》和《植物图鉴》。在这两本工具书中，拉马克记载了近两千个属类的植物，他还绘制了约900幅植物图版。后来，他的著作被收入法国大百科全书。

1788年，布丰去世，临终前关照后继园长对拉马克多加照顾。就这样，凭着朋友的赏识和自己的能力，拉马克做了皇家植物园的植物标本管理员。

法国大革命爆发了，皇室被推翻，拉马克建议保护科研单位，善待员工和珍贵的标本。他提议可将植物园的名字改成"国立自然历史博物馆"。

国民议会同意了拉马克的请求，而且还设立了讲座。这需要教授进行知识讲解和整理，并进行研究和教学。很多科目都有合适的人选，惟独低等动物学缺少这一职位的合适人才。拉马克是资深生物学家，所以上任弥补了这个空缺。

这时的拉马克已年届五十，时年1794年。低等动物学在当时是最落后的生物学科，人们都不愿意搞这项研究，因为此项研究复杂而且艰难。而最难的项目是蠕虫和昆虫的研究，

拉马克改行埋头苦干，一直到他去世，整整研究了35年。

1801年，拉马克发表了专著《无脊椎动物的分类系统》。这部书将他转入动物学研究近五年的成果进行了概括总结，在世界上第一次提出了进化论的思想，首创了两个科学概念即"脊椎动物"和

"无脊椎动物"。

1809年，《动物哲学》出版了。这部书奠定了现代无脊椎动物分类的基础，极为系统地阐明了进化理论，明确提出了生物进化的学说。

拉马克是世界最早提出进化论而有条理且合逻辑的人。

首先，拉马克向神权提出了挑战。

他认为，生物的进化是阶梯发展的序列，由简单到复杂、由低级到高级。如果进行动物和植物的分类，必须遵循进化原则。拉马克指出，生物不是上帝原创的，而是自然本身在其漫长的时间内形成的，由进化而来。

在进化的过程中，生物树不断分枝分杈，形成一个谱系。

拉马克提出推动生物进化的力量是内部原因和外部原因共同作用。其一是物体内部固有的进化倾向，其二是外部环境的影响。其中内因是大方向，起决定作用，而外因造成了分支，形成谱系。

拉马克提出"获得性"遗传和"用进废退"的理论。

比如说长颈鹿，拉马克认为，某种动物，可能是长颈鹿的祖先。原来这种动物的脖子没有那么长，但是随着环境的变化和它们的主观意志，它们要经常采集树叶，不断地伸长脖子，还有四肢等能使上劲儿的器官也不断地前伸。

在这个过程中确实有些器官会发生变化，而这种变化会日积月累，在后代身上体现出来，每一代比上一代明显，一代一代就成为今天的样子。

拉马克提出的动物进化有主观愿望和获得性遗传，在今天看来是不甚科学的。首先主观性愿望是错误的意识与思维上的认识，至于获得性遗传，没有什么证据表明确实如此。

但拉马克所含的"用进废退"思想却极其有价值，这种说法引导了很多科学家。

拉马克的思想打破了"物种不变"的陈旧观念，保守势力、宗教势力勾结在一起反对他。他意志坚强，相信历史会证明他的价值。

其实，拉马克在失去卢梭与布丰这样的良师益友之后，便没有多少顺心的日子。新任园长不过让他做了一名保管员，以他的才能又何止是小小的保管员呢？共和国政府增设讲座讲授时，明知他是植物学上的权威，却留下一个最冷最难的动物学教席给拉马克。

更令人寒心的是居维叶。他是 19 世纪初期法国生物学"独裁者"，很有天才但却与政府混得火热。他持"灾变说"而反对进化论。居维叶是拉马克一手举荐的，但他处处打击拉马克，已经超出了学术范围。因为他和官方关系极其密切，热爱科学人才的拿破仑受居维叶影响加上自己的偏见，竟然也当面侮辱拉马克。

老人 77 岁时双目失明，这是由于他长期在显微镜下积劳成疾而成。他在生命的后十年，口述了《无脊椎动物志》最后两卷。

1829 年，伟大而坚强的拉马克走完了他达观开朗而又受苦受难的一生。他一生贫困，然而又遭受冷落和打击，失去忘年之交的他一生少有知己。

死后，拉马克连一块像样的墓地也买不上，在贫民窟的公墓草草安葬。

然而他是正确的，那些保守势力没有做到让世人怀念，只有历史铭刻着他伟大的业绩。在 1909 年，巴黎树立了拉马克的铜像，镌刻了他惟一的亲人——女儿柯尼丽亚的话："您未完成的事业，后人总会替您继续的，您已取得的成就，后世也总会有人赞赏吧！父亲。"

44. 约翰·道尔顿的故事

约翰·道尔顿，英国化学家、物理学家，1766 年生于英国北部。他提出了质量守恒定律、定比定律、当量定律和倍比定律，引入原子量概念，提出了有别于古希腊原子学说的道尔顿原子论。

道尔顿出生于英格兰北部昆布兰的伊格利斯菲尔德村。父母都是朴实的农民，家庭经济条件很差。他只上过小学，以后的知识完全是靠自学积累的。

道尔顿 15 岁那年，村里有一位小学老师不幸生病去世了。找谁来代替他教课呢？小学校长很快想到了道尔顿。道尔顿在学校时成绩十分优秀，只是由于家庭经济条件不许可才没有机会继续深造。而且这位校长知道，小学毕业后的道尔顿一直在刻苦学习，读了不少书。

但道尔顿毕竟只有 15 岁，还是一个孩子。一个孩子怎么能教一群比他更小的孩子呢？镇上的教育部门马上提出了质疑，但当时根本找不到更合适的人选。经过校长的力荐，15 岁的道尔顿终于站在了小学的讲台上。

道尔顿上第一堂课时，自己心里也直犯嘀咕，望着一群比自己小不了几岁的孩子，他感到心慌，下面的学生议论纷纷，根本不把这位"小老师"放在眼里。但道尔顿很快镇静下来，他敲了敲黑板，教室里顿时鸦雀无声。道尔顿清了清嗓子，声音响亮地说："同学们，我们开始上课。"他首先要讲的是算术中的四则运算。

"老师，我想问一个问题。"全班最调皮、个头最大的男孩想给这位"小老师"来个下马威，看看他有没有真水平。

"你说吧。"道尔顿很高兴地表示。

这个孩子不知从哪弄来一长串的数学四则运算题，道尔顿将它写在了黑板上，并且表扬了这个孩子。然后，道尔顿不慌不忙地在黑板上进行演算，然后又给学生进行详细的讲解。

学生们被道尔顿折服了，都认为他不仅课讲得好，人也不错，回去和家长们一说，村里人也对这位"小老师"刮目相看了。

在村小学，道尔顿的教学取得了成功，得到了家长和学校其他老师的一致好评。

1782 年，在别人的引荐下，道尔顿来到坎达尔中学当上了数学老师。就在这期间，他认识了一位对他一生影响极大的人物，他就是该市有名的实验家盲人学者约翰·戈夫。当他第一次看到约翰·戈夫双目失明，却能自己动手做实验时感到十分的惊讶。约翰·戈夫似乎猜透了道尔顿的心思，对他说："道尔顿先生，我完全理解你对我这个盲人能做实验感到不可思议。可是你要知道，用眼睛看到的事物比起用大脑理解了的东西来，真是太渺小了。"

道尔顿反复咀嚼着约翰·戈夫这句话的深刻含义。就这样简单的一句话，道尔顿在他后来的科学生涯中一直牢记在心。

很多人都知道色盲是道尔顿首先发现的，但很少人知道这其中所包含的故事——

有一年，母亲的生日马上就要到了，道尔顿想送母亲一件生日礼物。他不知送什么才好，于是来到市场上，想看过之后再决定买什么礼物。最后他精心挑选了一双"灰色"的袜子作为生日礼物，因为他觉得它比较实用，妈妈肯定会喜欢。

"这双袜子是送给我的吗？"母亲很高兴，但又有点疑惑。

"是的，我特地为您挑选了一双灰色袜子。"道尔顿恭敬地回答。

"难得你一份孝心，可是这是一双樱桃红颜色的袜子，叫我怎么穿啊？"

道尔顿感到十分奇怪，从妈妈手中拿过袜子说："这明明是一双灰色袜子，您怎么说是樱桃红色的呢？"

于是道尔顿把袜子拿给家里其他人看，可是大家都说是樱桃红色的。

"难道是我的眼睛有问题？"道尔顿马上想到了这个问题。为了验证自己的眼睛是不是有毛病，他又指着姐姐的上衣问大家："你们说，这件衣服是什么颜色呢？"

"绿色！"大家众口一词。

"唉呀，这可真坏了！我把它看成暗红色了。"道尔顿大为惊讶。

为了弄清楚这到底是怎么回事，道尔顿暂时放下手头的其他工作，专心研究起颜色来。他把各种各样的颜色剪成小方块，然后排在一起，让他所有的学生都来辨认。结果他发现，有很多学生和他一样，把颜色看错了。有些学生甚至连什么颜色都分不清。

1794 年，他写了一篇论文——《有关辨色力的异常事实》，首次揭示了人类色盲的秘密。后来他又留下遗言，"我死后，希望把我的眼珠取出来进行研究"。

道尔顿一生成绩斐然，共发表了 116 篇科学论著。但是他的实验技术并不是一流的，他的实验仪器很多是自制的，所得的实验数据并不很准确。他又有"色盲"这样的生理缺陷，可是他却成功了。道尔顿晚年曾经说过这样一句话："如果人们认为我比前人获得了较大的成功，即主要是——不！那完全是靠持续的勤奋学习和钻研。"

由于长期接触汞，道尔顿得了慢性汞中毒症。1844 年 7 月 29 日清晨，道尔顿带着他久病未愈的身躯离开了人世，终年 78 岁。

45．乔治·居维叶的故事

乔治·居维叶，法国地质学家、古生物学家、比较解剖学家、动物学家。

1769年，居维叶出生于蒙贝利亚尔的一个胡格诺教徒家庭。小时候的居维叶体质十分虚弱，幸亏母亲的悉心照料才不至夭折。但他十分聪明，天赋极好。母亲经常教他学习各种知识，他一般听一遍就记住了。他最喜欢的是各种风景画和布丰《自然史》中精美的彩色插图。在15岁那年，居维叶有幸进入德国斯图加特的卡罗琳学院学习比较解剖学。1789年法国大革命爆发，居维叶的资助人、蒙贝利亚尔的弗雷德里克公爵被迫退职，居维叶失去了继续接受教育的经济来源，被迫退学到诺曼底一位伯爵家里去做家庭教师。

居维叶在伯爵家一边做家庭教师，一边利用业余时间从事生物学研究。一个偶然的机会，居维叶遇到了农学教授泰希尔。泰希尔在详细了解了居维叶的情况以后，对他极为欣赏。回到巴黎后，泰希尔向巴黎自然博物馆馆长圣提雷尔极力推荐居维叶，自称在"诺曼底的粪土中获得了一颗明珠"，建议圣提雷尔在巴黎自然博物馆里为居维叶安排一个研究职位。圣提雷尔接受了建议，给居维叶写了一封邀请信，欢迎他到巴黎自然博物馆来工作。从此，居维叶的生命历程又掀开了新的一页。

居维叶对于生物学的一大贡献，就是提出了"器官相关生长律"。要对古生物进行研究，只能通过化石。可是在长期的地质变迁中，完整的生物化石很难保存下来，只能找到一些零碎的残片。这给古生物学的研究工作增加了很大的难度。居维叶经过大量的考古研究后认为，每一个有机体都是一个完整的系统，它的每一个部分都必须同整体统一、协调，存在着必然的联系。这样，我们只要对一只爪、一片肩胛骨、一条腿骨、一个肋骨或其他任何部位的骨头进行考察，就可以判断出它属于哪类动物的一部分，也可以据此推断这一动物其他部位的特征。例如，古生物学家只要看到一个偶蹄的印记，就可以得出结论：它是一个反刍动物留下来的。

可是，当居维叶刚提出器官相关生长律时，很多人都对此持怀疑态度。有的甚至对他进行挖苦、嘲讽。为了验证自己观点的正确性，居维叶决定进行一次试验。他叫人从巴黎郊区的古生物化石遗址中任意取来一块化石，进行当众表演。化石只露出了一丁点儿牙齿，其余部分均被岩石覆盖。居维叶仔细观察了一会儿说："这是负鼠的化石"，并立即在纸上画出了负鼠的草图。当人们仔细剥开整个化石时，果然发现它是负鼠化石。人们无不感到惊奇。这次试验充分证明了居维叶"器官相关生长律"理论的正确性。后来，人们为了表彰居维叶的功绩，将这种负鼠命名为"居维叶负鼠"。

居维叶的学生不相信老师真有这样神奇的本领，决定搞一次恶作剧，对老师进行一次小小的测试。

在一个风雨大作、电闪雷鸣的夜晚，居维叶卧室的窗外出现了一只怪兽。这只怪兽头上长着一对尖锐无比的硬角，颈脖上金黄色的毛一根根地竖起，眼睛里冒着阴森可怕的绿光，张着血盆大口，露出一排锐利的牙齿，似乎饿极了。在闪电的光亮中，居维叶看见它不时地用前蹄敲打着窗户，嘴里似乎发出一阵阵的吼叫。

当居维叶第一眼看见这只怪兽时，心里确实大吃一惊。但当他看到那对尖锐的硬角和不断敲打窗户的前蹄时，顿时就放下心来。他点起了油灯，隔着窗户端详起这只怪兽来。立刻，他就明白了这是一起恶作剧。他冲到门外，一把抓住怪兽，把它拖到了屋里。

恶作剧被识破了，学生们哈哈大笑起来。居维叶望着这些淘气

195

的孩子，不由得也和他们一起大笑起来。

之后，一个学生问他："居维叶教授，您为什么不怕这只怪兽呢?"

"这只怪兽虽然看起来十分可怕，但一看它的一对硬角和前蹄，我就知道它是食草动物，根本不会吃人，相反只会怕人。你们应该学会利用动物器官相关生长律去进行分析问题啊。"接着，居维叶又详细讲解了他识破学生恶作剧的理由。

居维叶一生著作颇多。*1800~1805* 年，他发表了三卷本《比较解剖学讲义》，*1812* 年又发表了四卷本《四足动物骨骼化石研究》，*1817* 年发表了四卷本巨著《动物界》，*1825* 年提出了《地球表面的灾变论》。他在法国科学界享有崇高的地位，被称为"生物学的独裁者"。

1832 年 *5* 月 *13* 日晚 *9* 点 *45* 分，居维叶因染上霍乱病逝世于巴黎，终年 *63* 岁。

46．安德烈·安培的故事

1821 年初，安培提出著名的假说：物体内部的分子中均带有回旋电流，这形成了宏观磁性。这一假说在 *70* 年后被证明，由此可知安培在电流磁性等方面的卓越思想。

我们平常总说"电流"，这一概念是安培提出的。在奥斯特与安培之前，电学主要停留在静力范围内。安培首先提出"电动力学"，用以指明此学科是研究电荷的运动问题。库仑定律是电静力学中的基本规律，安培定律是电的动力学中的基础法则。

电动力学是从安培手中诞生的。

在他之前的奥斯特只是发现了一个现象，安培却能在此基础上迅速发展，在 4 个月的时间内由实践到理论，诞生新的学科，可见他是一名理论与实践能力均十分优秀的物理学家。他敏锐地推广研究了电流与电流的相互作用，导出系列规律。

安培提出，不但磁针受电流周围的力的作用，电流自己也互相发生作用。电流元之间的作用力与距离平方成反比，这奠定了电动力学的基础，由电流所生的力归结到平方反比定律，因此同万有引力及磁极间、电荷间的力一致了。这迈出了"场物理学"的一步。

安培于 1775 年出生在富裕的商人之家。在法国大革命时期，安培的父亲被处决，所以安培养成了孤独郁寡的性格。

他是一位爱陷入沉思的教授。有一次，国王邀请他参加宴会，他竟然忘记了。

在奥斯特的发现提出后，安培提出了磁针转动方向与电流方向相关判定的右手定则。继而，安培讨论了平行截流导线间的相互作用。1820 年下半年，著名的安培定律提出。

安培在实验中发现，直流电对小磁针有作用，但是圆形导线和矩形导线形成的电流回路对小磁针也有磁力作用。安培利用地球的磁性和电流结合的原理，用圆电流来解释地球磁性的产生，这很有创见。

有一次，物理学家阿拉戈去安培家拜访，看到安培的桌子上放着伏特电堆做成的电源，还有许多仪器。

安培向他解释说，在磁针上空有一条导线，通电之后，导线产生的磁力会使磁针偏转。这就是奥斯特实验。

安培又说："现在，我这里有一个线圈，我将这线圈通电，可以看到一个现象"。

线圈通电后，安培用磁铁和线圈相作用。阿拉戈看到后有所醒悟地说："看来，线圈也可以成为磁铁"。

　　"不错"，安培说，"正是电流通过线圈，线圈的两端产生了磁力线，改变电流方向也就改变了电磁铁的两极。"

　　实验继续下去，通电的线圈把金属中的铁质物品都吸引住了，桌面上的铁屑，铁钉之类物品纷纷向"磁铁"靠拢，被通电线圈牢牢吸住。

　　安培突然间把电源关闭，电流不存在了，只见通电线圈上吸附着的铁钉之类的物品纷纷落下。

　　安培就这样发明了电磁铁。

　　电磁铁灵活易用，对人类生活产生巨大影响。这是电磁理论的一个简单应用，可见电磁学应用的重要性和社会价值。